U0610190

数字贸易对制造业
服务化的影响机制研究

朱玉琴 ◎ 著 ————

吉林出版集团股份有限公司
全国百佳图书出版单位

图书在版编目（CIP）数据

数字贸易对制造业服务化的影响机制研究 / 朱玉琴
著. -- 长春：吉林出版集团股份有限公司，2022.8
ISBN 978-7-5731-2132-5

Ⅰ．①数… Ⅱ．①朱… Ⅲ．①国际贸易－电子商务－
影响－制造工业－服务经济－研究－中国 Ⅳ．
①F426.4

中国版本图书馆CIP数据核字(2022)第160983号

SHUZI MAOYI DUI ZHIZAOYE FUWUHUA DE YINGXIANG JIZHI YANJIU
数字贸易对制造业服务化的影响机制研究

著　　者	朱玉琴
责任编辑	张婷婷
装帧设计	朱秋丽
出　　版	吉林出版集团股份有限公司
发　　行	吉林出版集团青少年书刊发行有限公司
地　　址	吉林省长春市福祉大路 5788 号
电　　话	0431-81629808
印　　刷	北京昌联印刷有限公司
版　　次	2022 年 8 月第 1 版
印　　次	2022 年 8 月第 1 次印刷
开　　本	787 mm×1092 mm　　1/16
印　　张	8.25
字　　数	180千字
书　　号	ISBN 978-7-5731-2132-5
定　　价	65.00元

前　言

　　制造业是大国之基，是实体经济的重中之重。推动制造业高质量发展是深入实施制造强国战略、加快构建新发展格局的重大战略举措。社会经济的高质量发展，离不开制造业的高质量发展，要依靠科技创新，提高制造业的生产效率和供给质量。近年来，以互联网、大数据、人工智能为核心的数字技术迅猛发展，数字经济与实体经济加速融合，创新了生产、消费、流通等各个环节的经济发展模式，改变了经济面貌，成为全球广泛关注的重大课题。作为高质量发展的重要引擎，数字经济与实体经济深度融合，为制造业提质增效和转型升级提供了新动能。

　　本书主要包括数字贸易基本理论、制造业服务化概述、制造业服务化的成因、制造业服务化的演化机理、制造业服务化的产业转型效应、制造业服务化的就业效应、制造业服务化的国际贸易效应、制造业服务化的环境效应、发达国家制造业扶持政策、中国制造业服务化实践等内容。

　　由于水平有限，时间仓促，书中不足之处在所难免，望各位专家、读者不吝赐教。

目 录

第一章　数字贸易基本理论

第一节　概述

一、什么是数字贸易

数字贸易是以互联网为基础，以数字交换技术为手段，为供求双方提供交流互动所需的数字化电子信息，实现以数字化信息为贸易标的的创新的商业模式。

通过联合运营模式，倡导企业以统一的技术标准搭建全球公共数字贸易平台。平台不提供商品，通过供求双方互动电子信息通道达成数字化信息的高速交换，将数字化信息作为贸易标的，在完成商品服务交易时实现收益。

随着全球信息的无限扩张，竞争日趋白热化，普通商品大量过剩，以及5G时代的来临，贸易通过网络的信息处理和数字交换，实现减少流通渠道、直接面对用户，产生更大价值的新型方式日益被企业所青睐。"数字贸易"促进推广机构应运而生，该机构从仍然占绝大多数的传统贸易和新兴的网上贸易中取得灵感，绘制出一整套数字贸易的宏伟蓝图，改变了网上贸易下地难的现状，并在不断实践应用过程中得到证明。

二、数字气息凸显

21世纪，互联网在中国高速发展。据统计，2020年，中国上网用户突破13.19亿人，手机高速上网使得互联网用户数量激增，中国全面迎来数字新时代。

随着互联网的广泛应用，数字贸易已经深入到了商业流程的核心，其战略作用越来越突出。在信息时代和网络经济的驱使下，企业不得不考虑重塑新的商务运作模式，数字贸易诞生时，作为"全球第一家数字贸易"，以BCB数字贸易模式，整合一切与民生息息相关的优秀商业资源，开创网商新时代。它的目标是成为全球数字贸易行业的倡导者，通过服务提升用户对数字贸易的归属感和依赖感，使数字贸易成为一种新的生活方式，使数字贸易成为生活优惠的代名词，最终实现获得用户终身商业价值的目标。

三、关于 CU 数字贸易产业联盟

CU 数字贸易产业联盟由涉足数字贸易产业的骨干企业自发组织形成，致力于推动数字贸易产业健康、高效地发展，推动国内、国际数字贸易产业合作广泛、深入地开展。联盟成员企业通过联合运营的模式，共同创建和推动数字贸易平台的建设和发展，积极协调产业内各企业关系，积极制定数字贸易各种标准，领导数字贸易产业各项标准的发展和升级，保持数字贸易产业发展的持续性，打造出极具竞争力的数字贸易产业链。

数字贸易概念的形成是互联网行业迅速发展的必然结果，互联网正在改变消费者与商家的关系，消费者开始觉醒，消费权利发生转移。CU 数字贸易联盟秉承自主创新的精神，以"和合文化"为基础，以消费主权论为导向，汇聚起全球消费者的需求信息，并对需求信息进行标准化管理，创造出巨大的消费资产。CU 数字贸易联盟通过借助消费资产聚集起来的规模化需求与商家进行直接贸易，帮助商家渠道与消费者之间实现企业资源规划的无缝管理，实现消费是起点也是终点的"按需生产"模式。

数字贸易联盟所倡导并建立的全球数字贸易产业链，将会引导以消费者需求为导向、井然有序地按需生产模式的形成，有效解决现存的产能过剩、能源浪费、竞争加剧等问题产生积极的意义。

四、全球化和数字化的结合热点

全球化与数字化，逐步影响和遍及国民经济的各个部门及其企业，一马当先的无疑是国际贸易，没有大量的国际贸易活动，全球化就是一派空谈，数字化也就会失去用武之地。全球化为国际贸易创造必要的、空前的有利条件，数字化为国际贸易提供了相应的、顺畅的基本手段。

展望未来，我国的数字贸易，从商品交流到引资、引质和"走出去"，必将需要进一步的持续增长。要从外向化进展到真正国际化，享受到全球化的机遇，就要以数字化为技术支撑。以数字化技术为核心的信息产业是各发达国家和某些发展中家的第一产业，我国也不例外，不仅其经济总量已经超过机械、纺织、冶金等传统产业，并且其增长速度也大大领先。近年来，在经济全球化进程加快的背景下，美欧两大经济体在各个领域内都展开了激烈的利益争夺，美欧间的贸易冲突不断发生，"香蕉战""牛肉战""钢铁战"此起彼伏。虽然由网络销售引发的美欧纠纷不如当年那样影响巨大，但意义却非同寻常。因为当年那些冲突主要集中在传统贸易领域，而这次纠纷却是美欧在"数字贸易"方面的第一次短兵相接，冲突的象征意义远远大于目前的实际意义。

第二节　数字贸易的价值

当前，以新一代信息通信技术为主要驱动力的数字化浪潮蓬勃兴起，数字产业化规模扩张，产业数字化态势强劲，推动数字经济、数字贸易成为全球经济发展的新引擎。数字贸易是数字技术与社会经济深度融合、共同演进的产物。近年来，数字贸易发展迅猛，正在重塑和创新各类经济活动，全球价值链以贸易为纽带在全球范围进行资源配置，数字贸易的发展和繁荣正在成为重塑全球价值链的关键力量。

一、数字贸易正在重塑全球价值链

总的来看，数字贸易通过数据流动，既能加强各产业间知识和技术要素的共享并引领各产业协同融合，又能带动传统产业数字化转型并向全球价值链高端延伸，还能带来颠覆性创新，催生大量贸易新业态、新模式，重塑全球价值链。

其一，数字贸易推动更多服务和产品嵌入全球价值链。全球价值链是由以有形产品或无形服务为载体的一系列上下游经济活动组合而成的价值链条，这些经济活动包括研发、设计、加工、营销、售后等，它们通过贸易相互连接，也通过贸易实现价值增值。价值链上的各个企业在权衡生产成本和贸易成本的基础上实施跨区域分工与合作。而数字技术的应用显著降低了价值链上不同环节之间的贸易成本，特别是大大降低了无形服务的贸易成本，促使价值链上不同环节之间分工更加细化并重新组合：一是原有的企业基于对效率的追求分离或外包出更多服务和生产环节；二是以大数据、物联网、移动互联网、云计算、人工智能等为代表的新一代信息通信技术创造出更多的新服务和新产品，这些新服务和新产品又通过数字技术嵌入和改造原有的价值链；三是一些原来本地化特征明显的服务业在数字技术的推动下全面、高效地融入全球价值链。因此，数字贸易可以推动数量更多和范畴更广的服务和产品融入全球价值链。

其二，数字贸易推动更多中小微企业甚至消费者个体融入全球价值链。不管是在生产性服务环节还是在加工制造环节，传统的全球价值链更多地被国际化程度较高的大型企业占据，中小微企业特别是小微企业参与度较低。数字贸易则会改变这一现象，推动更多中小微企业甚至是消费者融入全球价值链。一是数字技术的广泛应用使跨国贸易更加便利，中小微企业越来越能承受各类国际贸易成本，因此有能力承接来自世界各地的个性化的小规模订单。二是数字技术使许多生产性服务环节可分性提高，原本只能由一家企业提供的服务现在根据不同服务的特点可以分包给众多中小微企业。三是数字贸易推动传统的大规模同质化批量生产向柔性化、定制化与个性化制造发展，这种制成品具有种类多样化、数量小型化的特点，因此需要众多中小微企业甚至是消费者自身进行中间服务和加工制造环节。

其三，数字贸易推动全球价值链同时向区域化和全球化方向发展。在数字贸易作用下，价值链的区域化将主要体现在制造环节上，而全球化则将主要体现在服务环节上。数字技术正驱使一些制造业向定制化、个性化、小型化方向发展。在此过程中，制造业产品快速及时地送达客户手中显得更加重要，这无形中对制造业的贸易成本控制能力提出了更高要求。与此数字技术的运用使价值链中生产性服务业的贸易成本显著下降，数字贸易使制造业对于上下游生产性服务业间的距离不再敏感，而对于客户间的距离和产业链安全更加敏感。为了使数字化的服务多跑路而消费者和有形产品少跑路，制造业往往更加倾向于考虑靠近消费者而不再是生产性服务业等。因此，在数字贸易推动下，制造业趋向于区域化发展。价值链上的生产性服务业大部分属于技术和知识密集型行业，这类行业中知识和技术的投入与生产往往需要长期积累、试验、探索、总结分析并承担风险，因此初始投入较大。而数字技术使这些行业的边际服务成本趋近于零，生产性服务业的规模报酬递增特性更加显著。为了服务更多的客户，价值链上的生产性服务业在数字贸易的加持下更倾向于国际化发展。

二、对提升我国全球价值链地位的建议

人类社会正加速迈入数字经济时代，要牢牢把握新技术蓬勃兴起、数字经济顺势发展的机遇，加快推进以数字贸易为代表的新业态、新模式发展，打造推动经济社会发展新的增长极，不断提升我国在全球价值链中的地位。

第一，以数字贸易为抓手构建国内价值链和新的全球价值链。从国内看，长期以来，我国主要以加工制造环节融入全球价值链，而价值链两端的生产性服务业参与全球价值链的程度较低。为了应对传统的全球价值链分工对我国的影响，应以发展数字贸易为抓手，打通国内循环的诸多堵点，加快构建稳健的国内价值链，以此畅通国内大循环。从国际看，除了继续加强原有全球价值链的合作之外，应在开放、共享、包容的原则下加快与"一带一路"沿线国家的合作，特别是大力发展跨境电商，通过跨境电商促进与"一带一路"沿线国家之间的商品和服务贸易，推动相关国家积极融入我国主导的全球价值链，开拓国际分工的新局面。

第二，加大力度推进新型基础设施建设。"新基建"是数字贸易赖以发展的基础，不管是构建国内价值链还是向全球价值链高端攀升，都离不开数字资源赖以存储和传输的物质基础，因此应加快以5G、工业互联网、数据中心、物联网等为代表的新型基础设施建设。在这一过程中，要发挥好市场和政府的作用。政府的作用在于加强"新基建"的规划引导，重在明确发展标准、统筹规划、监管监督、风险防范和营造良好发展环境，打破社会资本参与"新基建"的各种隐性门槛，让社会资本放心、大胆地投入"新基建"领域，要坚持以市场投入为主，支持多元主体参与建设，调动民间资本的积极性，通过市场机制带动"新基建"投资。此外，还要着眼国际市场，加强与"一带一路"沿线国家在传统基建和"新

基建"方面的合作，更多地从基建、产业、金融等方面综合考虑创新"新基建"投资、融资模式。

第三，加快我国各类产业和企业的数字化转型。近年来，我国数字经济发展迅速，但总体上还有大量企业仍未实现数字化转型或者说数字化程度不高。为改变这种局面，一是政府相关部门、行业协会应加强对中小微企业经营管理者数字技能和数字意识的培训和宣传；二是数字化过程中，特别是数字化初期，政府可以在税收和财政上给予中小微企业优惠和扶持；三是鼓励各类互联网企业在拓展自身业务的过程中带动与之相关联的企业开展数字化转型。

第四，大力发展专业化与高端化的生产性服务业。不管是以有形产品为载体还是以无形服务为载体的全球价值链，数字贸易的发展都将促进更多的专业化与高端化的生产性服务业融入其中。可以说，一个国家和地区在全球价值链中的位置更多取决于其生产性服务业的专业化和高端化水平。目前，制约我国生产性服务业专业化与高端化发展的因素主要在体制、机制方面，应进一步深化我国生产性服务领域的体制、机制改革，进一步扩大服务业对内和对外开放，构建开放统一、有序竞争的生产性服务业市场，为数字贸易条件下我国不断向全球价值链高端攀升提供良好的政策环境。

第五，积极推进数字贸易领域的法律法规建设。随着数字贸易的快速发展，数据已经成为一种重要的生产要素，在生产中发挥越来越重要的作用。我国政策制定者、理论研究者和相关企业应共同加快对数字贸易理论和实践的研究，并在此基础上制定既能保护数据安全、数据隐私，又能繁荣数字贸易的政策法规，为我国构建国内价值链、提升全球价值链地位提供理论依据和法制保障。

第三节　数字贸易的五大分类

从产业研究和发展的角度来说，一定要有明确的产业分类，这样才能划清产业边界，使得产业可统计，可分析，可推动。因此在定义了数字贸易是什么之后，需要进一步明确数字贸易的行业边界在哪里，即数字贸易都包括什么。

在综合各项研究和实践的基础上，将数字贸易分为数字技术贸易、数字内容贸易、数字服务贸易、数字平台贸易和数据贸易五大门类。

一、数字技术贸易

自20世纪90年代开始的互联网革命，催生了电信、计算机和信息服务贸易和离岸服务外包的快速发展，新一轮技术革命的核心应是数字技术革命，数字新技术成为新经济的基石，并通过数字新技术发展新经济。数字技术作为一个技术体系，主要包括大数据、云计算、物联网、区块链、人工智能五大技术。

在现行服务贸易统计中，"电信、计算机和信息服务"属于典型的数字技术贸易的范畴；在现行服务外包统计中，"离岸服务外包"包含了大量的数字技术服务内容，只要能够明确定义"离岸数字服务外包"的内容，就可以完成相关统计。可以说，数字技术贸易包含了"电信、计算机和信息服务""离岸数字服务外包"以及"新兴数字技术服务"三大门类。

二、数字内容贸易

如何界定数字内容产业？梳理国内外相关的定义发现，数字内容产业并非一个传统意义上或统计学意义上的独立的产业，它是由文化创意结合信息技术形成的产业形态。所谓产业形态是指由多个细分领域交叉融合而成的产业模式。数字内容产业细分领域边界模糊，共同点是以数字内容为核心，以互联网和移动互联网为传播渠道，以平台为模式的产业群组，所以它不是传统的、产业链定位很清晰的产业。

从数字贸易研究的角度，以内容特征作为分类依据，可将数字内容产业分为数字传媒、数字娱乐、数字学习、数字出版四大类。

三、数字服务贸易

鼎韬认为，数字经济是数字贸易的基础，数字贸易的交易标的必然是数字经济所涵盖的内容。数字经济是指以数据资源作为关键生产要素、以现代信息网络作为重要载体、以信息通信技术的有效使用作为效率提升和经济结构优化的重要推动力的一系列经济活动。数字经济产业范围包括数字产品制造业、数字产品服务业、数字技术应用业、数字要素驱动业、数字化效率提升业等五大类。

通过对比服务贸易十二大门类和数字经济及其核心产业统计分类可以发现，ICT服务贸易属于数字贸易范畴毫无疑问；传统一直公认属于可数字化贸易的"知识产权使用费"领域不属于数字经济的范畴，因此也就不属于数字贸易；而运输和建筑两个一般被认为难以数字化的行业则属于数字经济的范畴，是因为其中必然包含数字贸易的内容。

因此，除ICT服务贸易之外，数字服务贸易主要包括六个类别：保险和养老金服务，运输，建筑，个人、文化和娱乐服务，金融服务和其他商业服务。

四、数字平台贸易

在数字经济背景下，平台经济作为一种全新的业态也得到快速发展。所谓平台经济是一种基于数字技术，吸收产业链上游和下游的相关要素资源，在数字技术基础上，由数据驱动、平台支撑、网络协同的经济活动单元所构成的新经济系统，是基于数字平台的各种经济关系的总和。平台经济是数字经济的主流表现形态，代表着数字经济的发展方向。

第二章　制造业服务化概述

概念是人们做出判断，进行推理的基础。要认识制造业服务化现象，首先就要对其概念做出清晰的界定，明确它的内涵和外延，还要对一些与之相关但又容易引起误解的概念进行辨析。在此基础上，还要了解这一现象对全球制造业乃至全球经济的影响，说明其发展现状及未来趋势。明确了这些实践层次的问题后，还要上升到理论的高度，说明这一问题究竟应该用哪些经济理论加以阐释，现有理论是否能够满足分析的需要，如果不能，又该从哪些方面予以发展，相关学科的理论该怎样借鉴。

第一节　制造业可持续发展

世纪之交，制造业服务化成为世界制造业发展过程中的一大亮点。这一现象的产生有着复杂的经济背景，这是劳动分工发展到全球价值链分工阶段在产业层面的反映，是知识要素在生产要素中的比重日益增加，以及无形的服务环节在价值创造中所扮演的角色日益重要所形成的结果。服务化创新将促进产业结构升级，优化人力资源配置，增加中间品贸易得利，缓解资源环境约束，是中国制造业实现转型升级的可行路径。只有依靠现有的制造业优势，多措并举，加快实施服务化创新，才能促进中国制造业实现循序渐进的转型升级，最终实现可持续发展。

一、服务化是中国制造业实现转型升级的可行路径

20世纪90年代以来，制造业服务化（简称"服务化"）得到了迅猛发展，如IBM从一个制造企业转型为服务方案提供者；施乐公司从办公设备制造商转型为文件管理专家；通用电气的服务业务在公司整体业务中占据日益重要的地位。以物联网为例，据埃森哲和牛津经济研究院分析，产业物联网应用所涉及的产值占20国集团国民生产总值总量的62%。据通用电气发布的报告估算，到2030年，全球GDP总量中高达15万亿美元的产值将来自产业物联网。如轮胎制造商米其林借助物联网技术为客户提供建议及驾驶培训，帮助客户每百公里减少油耗2.5升，可极大提升客户的忠诚度；石化设备行业通过在设备故障发生前进行的预测性检修服务，可使检修率下降12%，综合检修成本降低30%，故障发生率降低70%。在大公司的引领下，发达国家的制造企业出现了向服务化转型的潮流，

纷纷把服务化作为提升竞争力，获取高额附加值的手段。

全球金融危机后，美国推出了"再工业化"，德国提出了"工业 4.0"，美欧意图通过培育新兴产业与扶持传统产业并举，实现制造业的复兴，国际产业转移出现"制造业回归"现象。这些都对中国制造业形成新的挑战。

与此同时，中国制造业因为受环境资源约束和外需萎缩的制约，传统增长模式难以为继；制造业总体利润微薄，新兴产业发展受到掣肘；现代服务业尚不发达，短期内难以独立承担经济转型的重任。而中国具有工业体系相对健全、低端知识要素相对充裕、国内市场容量巨大的优势，依靠服务化实现制造业升级的转型成本相对较低，基础较好，因而更适合中国经济新常态的国情。中国应利用好上述优势，以循序渐进的方式实现转型升级。制造业服务化是中国应对西方国家制造业挑战，实现转型升级的可行路径。

二、服务化创新的产生有其深厚的经济背景

20 世纪 90 年代以来，随着知识经济的深入发展，服务在经济中发挥的作用日益显著，引发了发达国家制造业的深远变革。从最终产品的提供方式看，服务化是一种商业模式的创新。从生产方式看，服务化又是一种生产技术的创新。制造业服务化作为一个整体可以说是新兴的产业。

从商业模式创新看，随着新兴经济体工业化进程的加快，发达国家跨国公司纷纷把制造业的低端环节转移到具有成本优势和产能的国家和地区，从而获得最大化收益。然而，这种生产的国际转移导致发达国家出现产业空心化，制造业就业岗位萎缩等弊端。为了获取竞争优势，发达国家的制造企业试图采取制造业服务化模式，通过为最终产品提供增值服务，满足高端消费者的需求的方式与来自新兴经济体的廉价进口制造品进行竞争，以实现本国制造业的可持续发展。

从生产方式创新上看，随着产品内分工的日益深化，各国制造企业纷纷按照自身比较优势融入全球价值链，成为其中的一个环节，并根据分工地位高低获得相应的附加价值。在制造业价值链中，各个环节上服务要素的投入日益增加，最终产品价值中服务的比重大大增加，土地、资本和劳动力等传统要素的比重相对降低，表现为制造业从以制造环节为核心转向以服务环节为核心。在经济全球化的推动下，各国制造业与全球生产体系的联系变得日益紧密，因此只有提高知识密集的服务要素的投入，才能实现在全球价值链中地位的不断攀升，从而获取较高的附加价值。

从全球制造业的发展趋势看，这一产业现象造成的影响已经不再局限于一国国内经济领域，而是扩散到国际分工、就业、产业结构和环境领域，成为一种重要的国际经济现象。

从科学技术对经济的影响看，信息技术革命和经济全球化加速发展，对全球价值链乃至世界经济结构产生了深远的影响。从科技革命与经济发展的互动规律看，每一轮科技的重大突破都将引领新一轮的产业革命与经济结构的重大调整。20 世纪中期的电子技术和

自动化革命引发了发达国家制造业的自动化革命，使许多人力资本从制造环节转移到了服务环节，跨国公司趁势将研发和管理中心安排在发达国家，而将生产环节安排在发展中国家，通过充分利用发展中国家的低成本劳动力实现了收益最大化。这种现象常被世界经济学者概括为全球分工的"分段化"或称"模块化"。国际经济的分工形态表现为服务业与制造业间的国际分工，突出表现为欧美服务业与东亚制造业间的分工。

然而，20世纪中后期的信息技术特别是网络技术的迅猛发展使全球价值链产生了进一步分解，价值链各环节在国家间的线性布局模式逐渐被更为碎片化、精细化、复杂化的网络化布局所取代。与此同时，2008年全球金融危机后，发达国家内需不足，新兴经济体的需求则日益旺盛。这种需求结构的变化导致生产体系的相应调整，传统的围绕发达国家消费市场建立起来的欧美服务业与东亚制造业分工的模式越来越无法满足新兴市场的消费需求。

信息网络技术的革命使得全球价值链不同环节的收益发生变化，表现出有形生产环节边际收益递减、服务环节边际收益递增的趋势。生产环节中劳动要素的重要性日益降低，劳动力投入带来的边际收益递减。在分布式、柔性化的生产方式下，有形产品质量相对稳定，生产环节的附加值增长空间有限，"范围经济效应"和"服务乘数效应"有提高制造业附加价值的作用。因此，在全球产业竞争中获得优势的关键乃是难以被模仿的知识密集型要素，而非低成本劳动力。在全球价值链碎片化、网络化的时代，服务与制造环节在中心与外围国家间的线性分工让位于复杂的依存关系，制造环节有重新回归到消费市场所在地的趋势，依靠低成本劳动力优势融入全球价值链的低端环节是无法实现经济的可持续发展的。未来的方向是通过减少价值链上劳动力的投入，增加知识密集要素上的投入来降低成本，提高附加价值。

供给端、需求端以及要素需求结构的变化需要新产业模式与之相匹配。在此背景下，发达国家的制造业出现了向服务化转型的潮流，这引发了学者、企业管理者和政府决策者们的高度关注。IBM在20世纪90年代初期亏损高达160亿美元，面临被拆分的窘境，在实施服务化转型后，实现持续盈利，股价上涨了10倍，成为全球最赚钱的公司。1991年，施乐公司宣布从办公设备制造商转型为文件管理专家（The Document Company），据富士施乐（中国）有限公司总裁徐正刚先生介绍，文件打印管理服务成为公司迅速成长的业务。富士施乐株式会社日本和亚太区服务业务总裁冈野正树说，公司的发展史可分为三个阶段：第一阶段发明了复印机；第二阶段发明了彩色复印机和其他创新产品；目前是第三个重要阶段，富士施乐正处在从提供产品向提供服务过渡的阶段。20世纪80年代以来，GE的资本公司（GE Capital）对公司收益的影响日益显著，据统计，1991—1996年在公司收入中如果扣除资本公司的贡献，那么GE的年均增长率只有4%，而不是9.1%，到2008年全球金融危机前，GE的金融业务一直维持在40%左右。IBM、施乐和GE的服务业务的拓展，使他们制造企业的形象变得日益模糊。

制造企业所处的经济环境正发生着一场深远的变革，知识经济的发展对经济增长方式产生了深刻的影响，在创新活动变得日益重要的背景下，知识作为一种投入要素变得比传统要素更加重要。产品的价值越来越取决于无形要素，如品牌的知名度或者相关服务质量的。经济活动的主体的竞争力更多地体现在能够将新的知识要素与传统要素相结合，从而创造出新的更高的价值。如今"制造业服务化"正在使制造业和服务业之间的产业界限变得日益模糊，《财富》杂志从 1995 年开始，改变以往将制造业和服务业公司分别排名的方法，不再对两类行业的公司进行区分，而是发布同时包括两类企业的 500 强企业排名。从行业来看，这种界限模糊化表现为无形要素的作用在价值创造中变得日益重要；新旧知识要素的广泛融合；制造业正在迅速提供越来越多的服务活动。

三、服务化促进制造业转型升级的作用

服务化是获取竞争优势的重要途径。知识经济时代，对知识要素的获取，以及将知识要素和传统要素整合在一起的能力变得更加重要。知识要素可以分为显性知识和隐性知识。显性知识具有图书、图纸等有形载体，可以实现符号化表达，可通过市场交易获取。隐性知识无法进行符号化表达，具有"只可意会不可言传"的特征，只有通过实践经验的不断积累来获取。隐性知识难以表达、难以传播和沟通、难以共享，获取难度大，因而不易被模仿，是企业核心竞争优势的来源。制造过程是人类改造自然的主要实践过程，因而是获取隐性知识的重要途径。中国制造业转型知易行难的关键在于忽略了隐性知识在转型中的重要作用。通过在低端制造业实施服务化，积累隐性知识，实现隐性知识转化为显性知识，最终增加知识要素供给，降低创新成本，是突破"低端锁定"困境的关键。

制造业服务化是企业创新的重要途径。除了"自主创新""协同创新"和"开放式创新"外，"创新过程的分散化"也是一个重要创新机制。该机制的规律：当创新活动与制造活动存在密切联系时，分散化现象比较显著，当两者联系比较松散时，分散化现象就不太显著。因此，与制造活动脱节的创意将不具有可持续性。制造业服务化具有将制造和服务紧密联系在一起的良好特性，可以促进创新的可持续发展。

服务化是促进产业转型的重要途径。尽管当前服务化的主要实施主体为大型跨国公司，实施的目的是培育核心能力与资源，旨在更好地与具有低成本优势的发展中国家制造业展开竞争，重新赢得竞争优势，然而，对中国这样的制造业大国而言，借助服务化策略，增加服务要素投入，增加产出的服务部分，将为产业发展提供更广阔的空间，使产业发展更满足市场需求，从而使投资项目变得更具有可持续性，为解决产能过剩问题提供出路。

服务化是促进就业的重要途径。实践表明，服务化对发达国家知识密集型行业的就业具有促进效应。对中国而言，大学生就业难的问题并不像发达国家那样是由于经济增长相对停滞造成的，而是因创新不足导致的分工不充分，进而造成市场难以继续扩展，所有企业都着力于现有的已经相对成熟的发达国家市场所造成的。

因此解决包括大学生在内的失业问题的根本途径在于扩大市场规模。根据杨格提出的

迂回生产理论，服务化可以促进创新，而创新又可以促进分工，分工深化又将进一步扩大市场规模，吸收就业。

服务化是促进服务中间品贸易的重要途径。服务中间品贸易在当今国际分工体系中发挥着重要作用。在知识经济背景下，服务中间品贸易能够提高一国制造业的产品复杂度，进而改善产业的国际竞争力，提高出口的附加价值。

服务化是缓解资源环境约束的重要途径。资源环境约束是当前中国制造业发展面临的重要障碍之一。服务化的集约式增长理念具有环境友好效应，服务化借助产品和服务的全生命周期管理，一方面能够节约自然资源的使用，另一方面能够降低环境污染，提高资源的使用效率，从而保护环境，促进制造业的绿色发展。

四、加快实施服务化，促进中国制造业转型升级

服务化这种新兴产业模式的发展演变规律对处于经济转型关键时期的中国具有特别重要的意义，其发展规律与动向值得关注。正如张幼文（2006）所指出的，"经济全球化……无疑将成为影响发展中国家经济发展的一个基本要素"。面对发达国家制造业的变化，如何有效利用外部条件，尽快改变本国相对落后的发展状态，是所有发展中国家面临的共同问题。

中国是世界上最大的发展中国家，也是一个制造大国，在实施工业化战略的过程中，面临着同样的问题。中国经济受到金融危机影响，在2009年前后出现了较大波动，近几年来仍能维持基本平稳的增长态势，实属不易。但是，外部经济环境并未根本改善，欧美经济复苏尚待时日，中国经济正处于转型的关键期。经济转型升级是中国面临的重大理论与实践问题。在世界新一轮产业革命初现端倪，欧美纷纷实施"再工业化"战略，国际生产格局面临重构的时代背景下，实现经济转型升级是十分必要且紧迫的。后金融危机时代，受到环境资源约束与外需低迷的影响，中国经济增速已经进入换挡期，传统增长模式已不可持续。在经济新常态背景下，中国制造业转型升级需要探索新的道路。然而，我们的经济转型面临两大难题：一是二元经济特征使得经济增长长期过度依赖人口红利，技术进步和产业升级缓慢；二是沿海与内陆的经济发展水平不一，产业的空间分布不均衡，转型升级的实施空间有限。因此，无论是片面追求硬件水平的提高，还是简单增加服务供给总量，都无法真正实现经济转型升级，而产业在国内的转移也遭遇知识与技术要素的断层，导致新产业扎堆上马，产能过剩问题严峻。

在这个关键时期，应利用此前积累的制造实力，通过发展制造业服务化，使高端专业化服务经济的比重不断增加，循序渐进地实现经济转型，提高产品的附加值。具体可以要从以下几个方面加以落实。

在人才培养策略上，应注重高等教育和职业教育同时并举，还要积极探索高校与企业的产学研活动的结合方式。实现教育为投入服务化输送人才，人才促进服务化更好地发展

这样一个良性循环。从而解决普通劳动力过剩和知识性劳动者失业等问题。

在金融策略方面，要积极探索企业融资新模式。通过实施服务化，借鉴西方国家的做法，建立和完善多层次资本市场，帮助企业获得发展所需的资金，降低企业融资杠杆。通过金融服务实体经济的方式，促进企业的专业知识积累，加速隐性知识向显性知识的转化过程。

在环境策略方面，要加强对制造企业的监管，提高生产的环境成本。提高环境成本在最终产品中的比例，形成产业链倒逼机制，迫使处于各个生产环节的企业积极通过服务化策略，减少对资源的消耗和对环境的污染。可以通过补贴奖励等优惠政策，引导制造企业进行产品再造，旧部件再利用等循环回收服务。还可以通过改变税收政策，鼓励大型机器设备的租赁服务，使制造企业减少对设备的购买投入，提高现有设备的使用效率。

第二节　制造业服务化的研究背景

一、服务化现象的产生

当前的国际分工主要表现为跨国公司主导下的全球价值链分工，关键增值环节从生产过程向服务活动转移。在全球产业价值链分工时代，产业升级路径比传统的产业间分工时代更加复杂，不仅高端产业有低附加值环节，而且低端产业也有高附加值环节。产业升级的关键是掌握高附加值环节的领导权，从而主导并协调产业内部和产业之间各个价值链条上不同环节间的分工。

进一步考察那些高附加值环节的要素构成就会发现，知识要素所占比例相对较高，有形生产要素所占比例相对较低，且这种趋势正朝着日益扩大的方向发展。这是因为在新一轮科技创新成为经济增长的关键驱动力的时代，知识对产业发展的主导作用日益显现。知识可以分为显性知识和隐性知识，隐性知识具有难以表达、获取难度大、不易被模仿的特性，因而成为知识经济时代获取核心竞争力的关键要素。制造活动与知识密集的服务活动相结合，可以收到"干中学"的效果，能够较好地连接从发明到批量生产再到销售的全过程，是获取隐性知识的有效手段。遗憾的是，在传统分工模式下，隐性知识在转型中的重要作用容易被忽略，以致产业转型升级知易行难。片面地重视实物资本投资以及设计、专利、图纸等显性知识的投入，只能进入高端产业的低端增值环节，而无法实现从低端增值环节向高端增值环节的有序转化。

当前，欧美国家推出了"再工业化"战略"工业4.0"战略，意在凭借其强大的研发设计优势及早布局全球产业价值链。这预示着国际分工格局将发生巨大变革，随着分工的深化和技术的进步，有形产品的质量相对稳定，增值空间有限，无形服务环节将成为产业竞争的焦点和附加值的主要来源。

中国产业发展面临诸多问题：受环境资源约束和外需萎缩的制约，传统增长模式难以为继；制造业总体利润微薄，新兴产业发展受到掣肘；现代服务业尚不发达，短期内难以独立承担经济转型的重任。中国制造业发展面临严峻的内外部挑战，迫切需要通过转型升级提升国际竞争力。制造业服务化是解决中国产业发展困难，应对西方国家制造业挑战，实现转型升级的可行路径。中国具有工业体系相对健全，低端知识要素相对充裕，国内市场容量巨大的优势，具备实施服务化的条件，依靠服务化实现制造业升级的转型成本相对较低，基础较好，因而能够较快地提升制造业国际竞争力。

二、制造业服务化的发展趋势

服务化这一术语最早由瑞士学者范德梅尔韦和拉达创造，意指通过为产品增加服务来创造价值的过程。在这一概念中，产品与服务的内在联系是服务化理论研究的关键。产品是一个内涵相对清晰的概念。从生产者的角度看，产品是一个有形的人工制品（如铅笔、杯子和钢板），它的生产主要依靠有形生产要素投入。服务的界定则相对宽泛。对生产者而言，有形产品以外的无形的提供物皆为服务（如维修、咨询和研发），它的提供主要依靠无形生产要素的投入。

三、国内外研究文献述评

（一）关于国际分工新格局及其演变方式的研究

20 世纪 90 年代以来，国际分工格局发生了重大变化：从生产份额看，发达国家生产份额占世界总产量的比重逐渐下降，发展中国家所占比重逐渐上升；从生产组织方式看，产业融合使产业竞争出现了新态势。分工方式从产业间和产业内分工向产品内分工转变；从分工的空间分布格局看，2008 年全球金融危机后，美欧推行"再工业化"战略，发展中国家特别是新兴经济体则实施了跨梯度或逆梯度产业转移；从分工规则看，以 TPP，TTIP，TISA 和美国 BIT 范本为代表的新一代贸易投资规则将对国际分工格局和产业竞争优势产生深远影响；从演变原因看，要素禀赋理论是分析传统分工模式的主流理论，而投入品的连续统一模型和垂直专业化理论则对中间品贸易与产品内分工模式进行了细致探讨；从更长远的角度看，生产要素的结构变化是决定分工演化的基础。知识经济背景下，自然资源和劳动力等传统要素的作用趋于减弱，而技术、信息、人才和创新机制等知识要素的作用趋于增强，甚至文化、制度和规则等要素也成了国家间竞争的软实力的来源；从中国的分工地位看，中国已成为贸易大国，但它是建立在粗放式发展模式基础上的，具有低附加值、低收益特征。吴义爽等则指出，经典分工理论蕴含的制造业与服务业互动规律并不完全符合世界制造业发展趋势和中国国情。

（二）制造业服务化的概念及特征

一些学者认为制造业服务化是一种能够提高产品附加值的竞争手段，是西方制造商有效应对来自新兴经济体廉价产品的竞争手段，从学科领域看，这些研究主要集中在管理学、营销学和服务科学范畴。

国外对于制造业与服务业互动关系的研究始于20世纪80年代末，瑞士学者范德梅尔韦和拉达最早提出了服务化的概念，他们认为服务化是指制造业由仅仅提供物品（或包括附加服务）向提供物品加服务构成的"产品—服务包"的转变过程。完整的"包"包括物品、服务、支持、自我服务和知识，并且服务在整个"包"中居于主导地位，是增加值的主要来源。

S.W.布朗等的研究归纳了基于服务的制造，服务增强型制造，服务导向型制造，产品服务系统等概念。加西亚米拉和麦圭尔对服务型制造企业组织层面的微观机理进行了探索。奥利娃和卡伦伯格从组织变革等管理角度提出从传统制造商转型为服务型制造商的四个阶段。植草益介绍了电信产业内部各企业群之间的融合，说明了技术发展在产业融合中的重要作用。

萨拉韦茨认为，制造业服务化的特征体现在两个方面。一方面是影响制造企业竞争力的因素超出了传统因素的范围（如企业的科研实力、人力资源、运营效率、有形资产和资本的数量等），与生产过程相关的内部服务的效率成为日益重要的决定性因素。内部服务包括产品和工艺的开发、设计、物流、内部培训、新员工和实习生的培训以及价值链管理。价值链管理是一个内部服务包，不仅包括原料采购，还包括新供应商的选择、审核，通过向供应商和合作者传授技术来提高效率，改善质量，降低成本等。内部服务还包括组织的发展与协调，人力资源管理，会计、簿记，法律与金融服务等。总之，除了传统加工活动的效率外，高效的组织和提供这些内部服务也是竞争力的重要部分，这些内部服务的数量和复杂度仍在日益增加。

另一方面是与产品相关的外部服务的复杂度和重要性日益增加。产品—服务包不仅包括修理与维护，还包括提供买方信贷、运输、安装、系统集成、发挥产品最佳效益的技术咨询、运营支持等。与产品有关的服务，在产品总价值中的份额越来越大，而且在制造企业的销售额中的比重也越来越高。

厄恩斯特和基姆则从分类法的角度对制造业的发展进行了研究，他们认为全球生产体系中的制造企业可以分为三大类：（1）旗舰型企业（是世界生产体系中的系统集成者），倾向于收窄业务范围，专业化于各种内部服务并在分工体系中处于领导地位；（2）次要领导层企业（包括地区总部或产品部门），倾向于扩展其业务组合；（3）底部层级企业（作为单一功能实体融入生产体系），为了改善分工地位，他们会尽最大努力开展多样化的业务，包括提供内部服务和外部服务。

与服务化这一术语的内涵非常接近的概念是产品服务系统，产品服务系统指的是一种将产品和服务结合起来的商业模式，该模式具有能提高竞争力、环境友好的特点。产品服务系统这一概念的主要研究者集中于斯堪的纳维亚半岛，使用这一概念的学者更关注资源环境的可持续性，以及如何降低人类对环境的影响这类问题上。

从国内文献来看，郭跃进最早介绍了制造业服务化的趋势。厉无畏、周振华对制造业与服务业相互融合的特征进行了总结。孙林岩等提出了服务型制造业的概念，指出它是制造与服务相融合的新产业形态，是新的先进制造模式。服务型制造是为了实现制造价值链中各利益相关者的价值增值，通过产品和服务的融合、客户全程参与、企业相互提供生产性服务和服务性生产，实现分散化制造资源的整合和各自核心竞争力的高度协同，达到高效创新的一种制造模式。它是基于制造的服务，是为服务的制造。何哲、孙林岩等从供应链的角度比较了传统制造业与服务型制造业的区别，认为"服务型制造从网络关注点、盈利模式、网络内流动属性、组织形态、价值分配等都不同于传统供应链网络，是一种新型的制造模式"。刘继国等指出，制造业服务化可以分成两个层面：一个是投入角度看，服务的比重增加；另一个是产出角度看，服务的产值比重增加。而现有的研究者包括刘继国本人则主要把焦点放在制造业服务化的产出层面。袭著燕等从企业管理的微观层面提出了向服务型制造企业转型的路径模型。

从制造业服务化的概念上看，由于学术界对服务化这一现象的研究仍然处于初级阶段，学者们研究的重点也各不相同，因此形成了不同的概念。

现有研究多集中在产出服务化方面或者大多强调服务化的微观应用层面，而作为中间投入服务要素对制造产业的影响与运动规律，以及宏观经济的影响有着更深远的理论和现实意义。特别是对于中国这样处于经济转型过程的发展中国家，探索制造业服务化的起源、动因和运动规律将更好地帮助人们找到经济转型的优化路径。

（三）制造业服务化的产生原因

随着学界对制造业服务化研究的深入，研究的内容逐渐从概念的界定、特征的概括，深入到对产生原因的探索上。研究的视角相应地从管理学、营销学领域拓展到产业经济、国际分工等领域。从现有的国内外研究文献来看，学者们主要是从产出角度解释服务化产生原因，并把满足需求和应对竞争作为服务化的两个主要原因。

从满足需求角度看，范德梅尔韦和拉达指出，服务化很大程度上受顾客需求驱动，并据此将制造企业服务化的过程分为三个阶段：仅提供物品阶段；提供物品和附加服务阶段；提供物品和服务构成的物品—服务包。万努莱、S.W.布朗和奥利娃和卡伦伯格等人都指出，随着经济的发展，顾客的需求发生了变化，从以产品为中心转到以产业所体现的服务或效用为中心，制造企业通过综合提供产品和服务来进一步迎合顾客期望，从而更好地满足顾客需求。

从应对竞争角度看，范德梅尔韦和拉达发现许多公司管理者把提供服务作为差异化的工具，以使产品更有吸引力，使企业的产品与竞争对手的产品区分开来，增加企业的竞争优势。罗宾逊等通过实证发现，在传统成本取向的行业中，服务化战略是企业创造差异化竞争优势的重要手段。奥利娃和卡伦伯格认为，服务具有难以模仿的特点，因而是竞争优势的持续来源。

日本学界较早开始关注产业结构软化、服务化现象。1983 年 9 月，日本专门组成"经济结构变化与政策问题研究会"，并首次提出"软化经济"的概念用以说明产业结构软化及应有的政策。有学者认为制造业服务化是产业结构软化在制造业内部的表现形式。马云泽认为随着知识经济和 ITC 产业的发展，以知识和高技术投入为主要特征的新兴产业成了区别于传统制造业和服务业的"第四产业"，各产业间以知识为纽带逐渐建立起新的关联，实现了产业结构的软化。在产业结构变化上，产业结构软化不仅表现为服务业的比重不断上升，还表现为传统的农业和制造业对服务的需求不断增加。"制造业内部的软化进一步促进了服务业的发展，服务业的发展又促使制造业进一步趋向软化和服务化"。陈晓涛进一步指出，产业结构软化的演进趋势是从劳动密集型产业和资本密集型产业到知识（技术）密集型产业方向演进，总趋势是以知识和高新技术为特征的产业在整个产业结构中所占比重越来越大。马云泽通过对美国、日本产业结构有关资料统计数据的分析，指出了两国产业结构软化的表现，从实证的角度揭示了世界发达国家产业结构软化的整体趋势以及对中国的启示。

产业结构软化的根本原因在于知识经济的发展。1996 年，OECD 在一份名为《以知识为基础的经济》的报告中指出，20 世纪 90 年代，知识（包括人力资本和技术）对 OECD 成员国经济增长的作用变得日益显著。据统计，20 世纪 90 年代初与 20 世纪 70 年代相比，高技术制造业在整个制造业产出中的占比翻了一倍，达到 20%~25%，主要 OECD 国家超过 50% 的 GDP 是由知识经济所贡献的。知识经济作为一种经济形态具有若干一般特征。第一，知识经济强调学习，尤其是"干中学"的重要性；第二，强调信息和知识的传播和利用的重要性。报告将知识的生产、传播和使用三者放在同等重要的位置。

有许多学者从知识经济对经济活动的组织结构变化的影响入手，进行了深入的研究，得出了许多有启发性的观点。有学者认为，在以知识为基础的经济中，公司与公司之间、公司与市场之间的界限发生了显著的变化，从而导致传统的制造业与服务业间的界限变得模糊。从具体的研究思路来看，可以将学者们的研究归纳为三种不同的观点：第一，组织间层级型协调的频率逐渐减少；第二，垂直一体化组织逐渐趋于平坦；第三，除了市场和层级关系之外，网络型关系成为越来越常见的经济活动的组织形式。

第一种观点的出发点是价值链的日益分段化现象。其主要思路：信息技术革命推动了价值链的分段化，因为它降低了协调和监督成本，促进了知识的交流，缩短了特定经济活动的地理距离。因此，新技术减弱了内部化优势，并导致了垂直型组织结构的扁平化。市场交易部分取代了原先的层级型协调。各行业的代表性企业纷纷采取了模块化的组织结构。大企业在全球采购时，开始寻求与产品或一个产品系统相关联的复杂的增值活动包，这里的增值活动包是指合同承包商要具有独立的工艺开发和组件设计能力，包括采购、物流、测试、包装和财务活动。因此，他们更乐于和能够独立承担上述功能的合同承包商合作，而不是和以高产能、低要素成本为特征的垂直一体化供应商打交道。组织中，各个独立成员之间通过发达的信息通信技术相连并合作。以层级协调关系为特征的垂直一体化组织让位于以平等合作为特征的网络组织，在工作过程中，以包容与互信取代了层级监督。

金芳从世界生产体系的变革这一宏观角度入手，对价值链的分段化导致生产环节与要素配置之间关系的变化进行了分析，指出世界生产体系变革带来产业结构的联动与分化效应，表现在"随着生产环节的分离和产品价值链在国际的分段设置"，国家间的生产联系"不再是产品最终生产完成后才发生，而是在产品的研究与开发、生产制造、市场销售和营运管理的各个阶段都交叉发生"。正是这种服务要素与传统要素在产品生产过程中的交叉作用，为制造业服务化现象的出现奠定了基础。

第二种观点的注意力集中在日益重要的知识配置问题上。在传统的工业经济中，财产所有权通常是权力的来源。在知识经济中，尽管许多知识仍保留在行业内部，但这种知识基础正在慢慢削弱。因为越来越多的专业化知识必须从公司外部来获得，这些知识往往掌握在各类专业人士的手中。随着权利的传统来源逐渐削弱，权利开始向控制关键信息和知识资源的人手中转移。而知识的交易属于平等交易，所以知识资产的配置与开发不能通过层级协调来进行。

典型的产业包括多组件、高信息技术产品如飞机引擎、电站、住宅与办公室保安系统等。这些行业的共同特征是产品都无法在公司内部独立完成。复杂产品与系统的制造商将知识集成为一体并协调各个外部专业供应商和研究机构的活动。系统融合取代了层级制。知识的专门化使得合理协调不同知识的占有者之间的关系变得越来越重要。

第三种观点则强调新型商业模式在知识经济中的作用；格兰在这种商业模式中，可持续的竞争优势取决于"知识资本"这一新型的要素，而不是传统的决定因素。一个公司必须有能力将它自身拥有的和公司外部的知识转化为资本（这种新型的能力指能够将新的知识要素与传统要素结合起来，能够创造新的、更高的价值，能够识别、获取、开发公司以外的知识）；仅仅依靠将价值链分段化并进行全球布局以实现要素成本最低，已经无法使公司保持可持续的竞争优势。后者依靠的是层级协调，前者需要的则是网络构建与协调能力。

从知识经济对国际分工的影响这一角度看，中国学者张幼文指出，"由于知识经济的发展，知识和技术在经济和国家实力上的地位更加重要"，单纯以有形的商品贸易为标准进行的国家间利益分配问题的研究变得不可行，要以"新开放观"进行理论探索。体现在国际分工的地位评估问题上，则是强调要素收益分配，发达国家拥有技术、品牌、标准、经营管理、全球营销网络等服务要素，因而必然获得更高的收益；中国因过分依赖劳动力要素供给，必然导致低收益水平。这一视角对制造业服务化研究的意义在于，不仅要重视以服务为最终产出的服务业对经济的作用，还要重视作为中间投入要素的服务对制造业和宏观经济的影响。

在知识经济的影响下，制造业中服务要素的投入变得日益重要，制造业与服务业，特别是生产性服务业的关系变得越来越密切。知识经济的相关研究成果为本研究分析和评估知识经济发展对产业结构的影响，以及制造业服务化的产生基础提供了理论准备。

（四）制造业服务化研究待解决的问题

目前国内外学者从各个角度对制造业服务化、服务型制造业等基本概念进行了细致的总结梳理，揭示了制造业发展的未来趋势，但由于制造业服务化对经济的影响是在 20 世纪 90 年代后才逐渐显现出来的，人们对这一现象的认识还有待深化。

从制造业服务化的研究视角来看，现有文献主要从产品价值链、企业管理、成本与收益等单一角度进行研究，未形成综合性的理论体系。从学科分类上，研究者主要是从管理学、工业工程学等学科角度进行。更重要的是，国外学者的研究主要围绕发达国家的产业结构和产业特征展开，研究目的主要是帮助发达国家制造业提升竞争力，以应对来自新兴经济体低成本制造业的压力，实现本国的产业转型升级。当前，在中国经济转型的关键时期，我们更关心的是如何利用此前良好的制造实力，循序渐进地实现经济转型，并在此基础上探究制造业服务化对新兴经济体融入世界分工体系的借鉴意义。也就是说要在转型升级的目标已然成为国内各界共识的情况下，阐释清楚产业转型升级的演进规律、动力机制，并找到一条切实可行的升级路径。要做到这点，就必须拓展研究的学科领域，并将制造业服务化的研究深入到宏观经济层面。

从研究方法上看，现有研究主要以定性分析加案例分析为主，尚未形成系统的理论框架。尽管案例研究有助于直观地认识服务化的作用与效果，但描述性的研究无法透彻阐明制造业服务化发展的规律，无法指导中国制造业的转型升级。我们的研究目的需要系统的理论框架、分析工具的支撑。

从研究的领域上看，我们的目光主要集中在产出服务化的研究上，对投入服务化的研究较少。而从产业转型和经济发展的角度看，投入服务化的研究显得更为重要，将直接影响产业的经营战略和产业结构的形成。

四、研究思路和意义

中国作为世界生产体系变革的受益者承接了来自发达国家的产业转移，部分地区成为世界工厂，但是也面临产业结构层次低、竞争力不强，农业现代化和农村城镇化水平较低，工业特别是制造业的技术水平不高，服务业的比重和水平同发达国家相比有较大差距等不足。如今，知识经济背景下的制造业服务化趋势已经对世界生产体系产生了革命性的影响，中国必然要全方位、高层次地融入到全球化和信息化进程中去，这就需要深入探索制造业服务化的形成原因与运行机理，研究如何借鉴发达国家的成功经验帮助国内传统制造业实现转型，并在此基础上针对中国国情和所处国际分工的地位，提出有关产业转型的政策建议，为中国工业化战略服务。

（一）研究的必要性

除了中国制造业面临的种种制约因素促使我国要研究制造业服务化现象之外，这些现象本身在理论上也有很高的研究价值。

第一，这些现象改变了传统的经济收益计算方法。因为分析人员不计算个别产品的边际收益，所以产品必须被看成一个包或是一个产品系统，包括产品本身和服务。核心产品的利润为零或是负数，这种定价策略变得越来越常见。因为利润可以从相关产品和相关服务中获得。

第二，可以为人们解释产品内分工的动因提供一个注脚。卢锋指出，产品内分工是一种特殊的经济国际化演进过程或展开结构，其核心内涵是特定产品生产过程不同工序或区段，通过空间分散化展开成跨区或跨国性的生产链条或体系，从而使越来越多的国家或地区企业开始参与特定产品生产过程不同环节或区段的生产或供应活动。

从分工的特征来看，产品内国际分工，呈现出全球性特征，各个生产环节的专业化程度更高，在地域空间上呈现高度分离的形态特征。对这种分工形态，要素禀赋理论的解释力不强，已无法指导实践。

而制造业服务化现象提供了一个思路。可以看到，随着大型制造合同发包人对增值水平的要求逐步提高，合同承包商除了要负责制造产品本身外，还要提供与产品相关的服务才能在竞争中胜出。而产生这种现象的根本原因是信息技术的广泛应用降低了经济组织间的协调和监督成本，缩短了经济活动的地理距离，从理论上说就是信息技术的应用促进了产品内分工的发展。

第三，为中国制造业的转型提供了理论依据。如前所述，在知识经济时代，可持续的竞争优势取决于"知识资本"。一个公司必须能够将新的知识要素与传统要素结合起来，通过提供多元化的增值活动来实现发展；仅仅依靠将价值链分段化并进行全球布局以实现要素成本最低，已经无法使公司保持可持续的竞争优势。因此，产业转型无法依靠简单的品牌战略或研发战略来实现，这仍然是传统的资源配置模式，而且在当今竞争日益激烈、价值链的高端已经被大型跨国公司所控制的条件下，这种头痛医头、脚痛医脚的战略很难行得通。产业转型的顺利实施，首先要正确认识和评估知识这一重要的生产要素的价值；其次要通过提供多元化产品—服务包，有意识地发展整合知识和传统生产要素的能力，提高价值增值能力，最终通过从单一制造向制造加服务转变以实现产业转型。

（二）研究的可行性

首先，要想揭示制造业服务化的发展演进规律，就要对现有的制造业进行合理分类。这可以借鉴生物学的研究方法。生物分类学中一个非常有趣的例子是关于中间类型的正确分类问题。19世纪，瑞典生物学家林奈把生物分为两大类群：植物和动物。但是眼虫综合了动植物两界的双重特征，既有叶绿体进行光合作用，又能行动而摄取食物。中间类型是进化的证据，却是分类的难题。为了解决这个难题，美国生物学家魏泰克在1969年提出了五界分类系统，使得这一问题得以解决。和当年的眼虫问题类似，如今制造业服务化使得第二产业和第三产业的边界变得模糊。如果仔细考察现有世界生产体系中的企业就会发现一些传统工业企业的业务范围开始向服务业延伸：有许多企业（通过合同外包）放弃了传统的制造环节，变卖有形资产，将业务集中于无形的业务上，如战略管理、研究与开发、市场营销等。与此同时，服务化转型的结果是，这些合同制造商的收入和实力显著增强。

其次，制造业通过主动开展服务业务，实现产业转型。由于信息技术的推动，制造业务和服务业务呈现高度相关性，企业从单一制造发展为服务型制造的过程就是一个向价值链的高端前进的过程。具体的实现途径可分为三种：一是在全球生产链中的东道国企业通过提供多元化业务，逐步取得对某种产品或某类产品的全球综合控制权，这种控制权超出了功能和地域的限制，包括产品的设计与开发、加工工艺、制造、与产品有关的服务等方面；二是，也可以通过提供技术与知识更加密集型的生产成为区域性中心；三是通过提供服务，从原来的制造企业成为"解决方案提供者"，与第一种企业不同，后者只针对某种特定的需求提供解决方案，如安保系统、制造企业的物流系统、通信系统、照明系统等。这类解决方案中，制造与服务的协调是由服务提供商完成的，而不是由制造商完成的。

再次，制造业服务化对国际贸易的影响。经济全球化的发展极大地促进了国际贸易的发展。一方面，制造业服务化使国际服务贸易额大幅增加；另一方面，公司内部服务贸易科学统计和定量分析却是一个理论难题。随着制造业服务化的发展，由于大量增值业务都是以价值链内部、公司内部的服务形式提供的，这使得生产体系内部服务贸易的统计问题更值得探讨。这个问题还牵扯到跨国公司的转移定价问题，以及对子公司的服务业务的评估标准该如何确定的问题。

最后，制造业服务化的收益与作用评估。企业通过提供多元化的服务业务，可以增加产品的附加值和总收入。与此同时，发展中国家的制造企业如果能够在承接生产任务的同时通过自主研发活动拓展产品的市场份额，那么将改变发包企业对他们在价值链中的定位，从而更深地嵌入世界生产体系中，成为不可或缺的一个组成环节，而不是像早先的南美洲国家或东南亚国家一样，一旦价值链的控制者找到了成本更低的合作者，就被毫不留情地替换掉。要想在这个体系中占有一席之地，知识和技术要素以及基于这种要素的服务对现代的制造企业变得越来越重要了。

五、本研究的创新点

第一，研究视角的创新。笔者通过研读国内外学者的研究成果发现，制造业服务化现象在发达国家和发展中国家的产生背景和影响是不一样的。对包括中国在内的众多发展中国家来说，当前更为重要的问题是如何实现产业结构转型、升级的问题，要解决这个问题，要从投入角度对制造业服务化进行深入研究。因此，有别于现有研究，本研究把研究重点放在解释投入服务化的成因、演化和效用上。

第二，理论体系的创新。现有文献主要从分工理论、价值链角度、企业微观运作、成本与收益等单一角度进行研究。本研究则试图以价值链理论为主体，综合借鉴发展经济学、生态经济学、世界经济学、管理学等学科理论，通过深入探讨制造业服务成因，运行演化机理和产业结构、就业、贸易环节等重要宏观经济问题的影响效应，构建一个系统的理论体系，并借助该理论体系对一个国家的产业转型、就业、贸易和节能环保等若干宏观经济议题进行深入分析。

鉴于服务化现象与科技革命、产业升级、国际分工乃至世界经济格局之间密切的联系，该问题的学科领域和理论深度亟待拓展。本研究力图将制造业服务化问题研究拓展到世界经济学与产业经济学领域，从而提高服务化理论的解释力。通过综合运用管理学、演化经济学、世界经济学等相关理论构建宏观分析框架，以加深人们对国际分工理论、价值链理论，产业升级规律的认识。这是我们认识新一轮产业革命、世界经济再平衡、世界生产体系的动态演进、世界生产格局的未来发展、国际贸易投资规则重构等若干世界经济问题的一把钥匙。

第三，研究方法的创新。一个系统化的理论体系的创建离不开模型的构建。本研究在解释制造业服务化的成因时把知识价值链和产品价值链接合在一起，揭示了知识在当今经济环境中的重要价值。进一步构造了反映服务要素价值链的模型，说明服务对价值创造具有乘数效应，揭示了制造业服务化所具有的范围经济特征。本研究还借鉴了发展经济学的思路，通过改进的方程，使用 Madab 软件编制数值模拟程序，实现对制造业服务化现象演化发展的动态模拟。比较直观地展示这一现象的发展运动规律。在第四章第二节，通过把服务处理为中间投入要素，结合投入产出表和计量经济模型，解决了难以对制造业服务化现象进行定量分析的难题。

第四，在出发点与落脚点的确定上采用了世界经济学视角。因为制造业服务化的微观实践起源于发达国家，因此本研究的研究起点是发达国家制造业的发展现状。但在全球经济一体化的今天，起源于发达国家的产业结构变化必然会传递到世界经济体系的各个角落。因此在对发达国家制造业服务化进行一番全景式描述后，最终落脚点是说明这一现象对发展中国家的借鉴意义。

世界经济学的研究对象是全球化的世界经济。本研究力图通过对制造业服务化这一新出现的经济现象的客观运动规律的分析，为世界经济学理论体系提供新的研究视角和分析工具。

第三节　制造业服务化的概念与特征

一、制造业服务化的概念

在制造业价值链的各个环节中，从投入角度看，服务要素的投入日益增加；从产出角度看，最终产品中服务部分的比重大大增加，有形产品部分的比重相对缩小，知识密集的服务对产品的价值增值起着越来越重要的作用，所有这些就是制造业的服务化现象。

随着信息通信技术的发展和人们对服务要素在经济中所起的重要作用的认识逐渐加深，20世纪90年代以来，学者们对制造业从以产品为中心转向以服务为中心的现象产生了浓厚的兴趣，纷纷从各个角度展开研究，并在学术文献中用"服务化"这个术语专门指称这一现象。实际上，制造业服务化的概念是一个复杂的概念集合，其内涵与外延包含多个层次。

（一）制造业服务化的内涵

从内涵上看，制造业服务化是服务要素在制造业投入和产出活动中的比重日益增加的一种经济趋势；在微观层面上，是制造企业满足市场需求，实现产出差异化，赢得竞争的经营策略；在中观层面上，是制造行业实现产业转型，向价值链两端延伸的一种升级战略；在宏观层面上，是知识经济发展到一定阶段的产物，代表着经济增长的新趋势。

从企业经营的微观视角看，"服务化制造模式"，是指企业在价值链的各个阶段（包括研发设计、制造装配、销售、物流、运行维护、回收等）通过产品与服务的融合，实现资源整合，达到提高效率和创新的制造模式。这是与传统制造模式相对应的一个概念。两种模式的区别体现在三个方面：（1）在价值实现上，传统制造通过有形产品实现价值增值，而服务化制造则强调通过向客户提供整体解决方案来实现；（2）在工艺流程上，传统制造仅关注产品本身的制造，而服务化制造强调以人为中心，重视知识的积累和传递；（3）在组织模式上，传统制造常常通过纵向或横向一体化来实现规模经济，而服务化制造则强调通过网络协作关系来实现知识的共享，在协作中实现资源的优化配置。

从产业层面看，众多采取了服务化制造模式的企业的集合构成了"服务化制造业"。而依旧遵循传统制造模式，主要以有形要素投入和有形产出为中心的企业的集合可以称为"传统制造业"。两类企业集合都属于制造业的一部分。

从产业发展的宏观趋势上看，欧美发达国家的制造业中，实施服务化的企业数量在企业总量中的占比日益增加。制造业服务化作为一种经济现象，表现为服务要素在投入产出中比重增加，对此前文已有详细讨论。

（二）制造业服务化的外在表现

制造业服务化通过四个紧密联系的概念体现出来：产品服务系统；服务化战略；实施服务化战略的组织；产品服务系统所处的全球价值链。

具体而言，产品服务系统是对产品概念的延伸，它通过将有形产品和无形服务有机组合在一起的方式实现了效用或价值的直接让渡。这有别于通过对有形产品的流通和消费来实现效用或价值的间接让渡的传统模式。

服务化战略又可以分为企业层面战略和产业层面战略。企业层面的服务化战略，是指制造企业通过知识的积累实现创新，从单纯提供有形产品转向同时提供产品和服务的转型过程；产业层面的服务化战略，是指在产业之间的投入产出关系上，服务要素在制造业的投入产出中的比重日益增加，制造业从加工制造环节向价值链的研发和销售环节有序延伸的产业升级过程。

实施服务化战略的组织是指设计、制造并交付各种产品和服务的组织。在这里，制造企业成了服务化模式的实施平台，对服务化起着支撑作用。

全球价值链是指由全球的生产商、采购商、消费者构成的价值生产与价值增值链条。在全球经济一体化条件下，生产商、采购商、消费者常常分属于不同国家，价值与效用的生产、流通和分配等环节跨越了国界。在这一背景下，制造业服务化现象的影响将通过全球价值链传递到各个国家的生产与消费节点。在经济一体化时代，跨国公司在全球价值链中处于控制地位，往往是实施服务化战略的主体，因此，跨国公司的服务化转型对一国制造行业的转型升级战略具有明显的影响。

二、制造业服务化的特征

既然服务化现象对制造业具有重要影响，那么应该如何判断一种经济或产业是否发生了服务化呢？通过对前人研究的梳理，制造业服务化现象可以通过投入和产出角度的一些特征加以识别。

（一）从产出的角度看

从产出的角度看，服务化的过程就是最终产品中有形产品部分所占的比重逐渐减少、无形服务部分所占的比重逐渐增加，直至为顾客提供整体解决方案的转化过程。传统的制造业主要以提供产品为主，服务处于附属地位。制造企业随着对服务的重视，纷纷增加了服务的供给。服务化的最终结果是使企业以主要提供产品的功能或效用为主，有形产品逐渐落入附属地位。

（二）从产品和服务提供方式看

从产品和服务提供方式上看，服务化的过程是制造企业向客户主动提供相关服务的过程。它要求制造企业深入研究客户需求，发现现有产品在满足客户需求中的不足，通过主动提供个性化的服务，甚至是通过签订长期服务合同的方式，为客户带来更大的效用，减少有形产品的消耗。这不仅帮助客户节约了成本，也创造更多的环保效益。

（三）从投入的角度来看

与以劳动密集型的传统服务业服务不同，制造业生产所需的服务要素往往具有知识密集、技术密集的特征。投入上从以资本、劳动为核心转向以知识为中心，通过知识要素来组织资本、劳动、原材料等其他生产要素。在产业链上下游关系上，采用制造业服务化模式的企业之间更倾向于采取网络化的对等结构，各自通过提供服务要素实现整个产业链的协作共存，实现资源的优化配置。这与传统制造业通过横向或纵向一体化实现规模经济的模式具有极大的差别。

1. 从生产要素来看，传统制造模式以资本、劳动、土地等三大生产要素为主

制造业服务化强调知识要素的投入，而且要以知识为主导，有机地将三大传统要素组织起来，提高传统要素的使用效率，因此表现为范围经济。而且知识、技术、管理等服务要素在最终产品中的密集度要高于传统制造业。

2. 从产业链上下游关系来看

传统制造企业往往是通过横向或纵向一体化方式形成一个行业系统；而在制造业服务化模式下，由于各个企业掌握的专业知识具有较大的差异，上下游企业间相互协作、相互依赖的程度要大于相互竞争或管理控制的程度，因此更多地表现为平行的网络型关系。

三、制造业服务化的发展现状

（一）服务化的由来

从历史的角度看，"工业化在经济发展中发挥着基础性作用。只有那些拥有极其丰富的土地和资源的国家，才有可能不走工业化道路而同样获得成功。工业化不仅是获得发展的常规途径，而且作为工业全球化的结果，其发展速度可能极为迅猛"。从 18 世纪工业化开始，制造业就成为经济理论研究的主要对象。但是，服务却往往被人们所忽视或者被看作一种非生产性的，与制造业争夺宝贵资源的社会活动。根据德莱梅（Delaimay）和加迪雷（Gadrey）的研究，服务是非生产性活动这一观点可以追溯到亚当·斯密时代，在亚当·斯密看来"服务"这个词与"非生产性支出"是同义词。因为在其所处的时代，服务主要由仆人提供，因而被认为是对资本积累的消耗和抑制。后来，随着认识的发展，服务通常被定义为能够给消费者带来满足感的有价值的活动，但一般是无形的、短暂的，因而只有在被交付时才存在（如理发服务）。因而常被和有形的、能存在较长时间的制成品区别对待。但是，随着经济活动变得日益复杂，今天的服务所涵盖的范围与斯密时代主要由仆人提供的服务相比已经广泛得多。而且从服务的特性上看，商业服务对客户的影响将和制成品生命周期一样长甚至更长。因此，服务的无形性、短暂性特征已不再是普遍的规律。

从理论渊源看，最早指出服务对制造业的重要作用的人是美国经济学家格林福德，他首次提出了生产性服务的概念，研究了服务作为中间投入要素对经济过程的作用，发现服务是制造业的重要投入。格林福德认为经济学家、市场研究机构或管理咨询公司向制造企业提供的服务使制造业获益良多，甚至超过了制造企业向厂房和设备投资所获取的收益。因此认为此类服务不构成投资的观点在理论上是不公平的。

以提供服务为核心的服务业促进了信息通信技术在制造业中的普及。为了将信息通信技术应用于传统制造业，现有的工作岗位需要调整，工人可能要离开岗位参加新技术培训或者转到研发岗位上去。工作转换、决策过程的调整等都会加速信息通讯技术的顺利普及，而各类生产性服务将有助于转换过程顺利实施。

反过来说，信息通信技术尤其是互联网的发展也促进了服务业的发展。互联网在一定程度上消除了服务提供者与服务消费者之间的距离障碍，使得千里之外的双方可以直接交流。比如一个网络管理员可以远程登录客户的计算机系统检查并排除故障，从而大大节约客户的时间，提高效率。安东内利等经研究发现信息通讯技术的应用将使拥有隐性知识的客户和服务提供者之间的交流变得更有效。这样知识密集型的服务提供者就可以利用信息通信技术更好地进行知识管理，促进隐性知识和显性知识的转化。

总的来说，服务对社会生产活动的促进作用，具体表现在两个方面：一方面服务和传统生产要素一样直接进入生产过程，是重要的投入要素；另一方面服务间接地促进了知识创新，提高了劳动生产率。

（二）制造业要素密集度变化的新特征

一般而言，根据制造品要素密集度的不同，可以将制造品分为技术密集型、资本密集型和劳动密集型等种类。但是，随着知识经济的发展，制造业要素密集度出现了一些新的变化，影响工业产品增加值的因素除了技术、资本、劳动外，知识密集型中间服务要素如市场知识、设计、物流、管理效率、营销等，在制造品价值增值额中的比重日益增加，进而影响到一国经济增长。为了反映这一新的发展趋势，联合国工业发展组织在《制造业发展报告2009》中使用了产品复杂度这一概念。产品复杂度既包括体现在产品上的技术硬件，还包括技术软件（即上述各种知识，表现为中间服务要素）。

如果我们把联合国国际标准产业分类（ISIC）中所列出的制造行业（具体到第三位代码）按照产品复杂度进行排序，就可以更加直观地看到上述产业结构的新变化。需要说明的是，产品复杂度是一个较为抽象的概念，真正进行排序时用到的是产品复杂度指数这一指标。某一制造品的产品复杂度指数排名越靠前，越表示该类产品主要由发达国家生产；反之，排名越靠后，越意味着该类产品主要由发展中国家生产。指数值与产品复杂度成反比，指数值越小表示该类产品的产品复杂度越高，指数值越大表示该类产品的复杂度越低。从整体情况来看，排名基本上反映了与某一行业的产品生产过程密切相关的技术密集度变化，即发达国家分工生产高技术密集度产品，发展中国家生产低技术密集度产品，但也有一些行业出现了相反的趋势。

金属制品、机械、电子机械、运输设备和其他设备这几个行业，在传统上属于技术密集型产品制造业。现在从产品复杂度指数排名情况看，发达国家在这些行业的生产密集度也较高。食品制造、饮料制造、烟草制造、纺织品、皮革和制鞋行业，通常属于低端的、大规模制造的产业，主要由低收入国家密集生产。这几类产业的状况和我们的常识是相吻合的。

但是令人感到惊讶的是，服装和家具业这两个传统上被归为低技术的制造行业，其产品复杂度指数排名都比较靠前，其平均排名接近于高技术密集度的机械制造、运输设备等行业，也就是说，高收入的发达国家在这两个行业中的生产密集度较高。简单地按照传统的技术密集程度进行国际分工的理论是无法解释这种现象的。深入考察这两个产业的特征就会发现，虽然这两类产品的生产和销售过程中所涉及的技术相对简单，但是和食品、烟草、纺织品这些大规模制造品行业相比，这两类产业生产消费周期较短，与时尚紧密联系，因此需要更多的市场知识、组织管理知识、设计以及物流知识。高收入的发达国家在这些领域已经积累了丰富的相关经验，因此在这两类产业中占有优势。这一现象说明了发达国家的制造业服务化程度要高于中低收入的发展中国家。

（三）制造企业服务化程度的国际比较

如果根据企业所从事的业务范围进行分类，可以把所有制造企业分为两类：一类是单纯从事制造的企业；一类是同时从事制造和提供服务的企业。

第四节　制造业与服务业的相关概念

一、"制造"的含义

根据汪军娥的归纳，制造的现代意义主要涉及两个层面，一个是技术层面，另一个是经济层面。"从技术层面看，制造是原材料经过一系列物理化学加工后形成零件或产品的过程。制造通常包含一系列的操作步骤，其中每一个步骤都使得原材料更接近于预期的状态"。

制造技术可以细分为传统制造技术和先进制造技术。传统制造技术一般是指产品加工技术，仅是生产过程的一个组成部分。先进制造技术除了产品加工技术之外，还将信息技术和现代管理技术融合到产品设计、生产、管理、销售、服务乃至回收的制造全过程之中，以实现优质、高效、低耗、清洁、敏捷生产，提高对动态多变的产品商品市场的适应能力和竞争能力。

近年来随着信息技术的发展，使柔性制造技术成为制造业关注的焦点之一。柔性制造系统是将信息通信技术应用于制造过程而形成的自动化机械制造系统。该系统能自动调整并实现一定范围内多种工件的成批高效生产，并能及时地改变产品以满足市场需求。FMS兼有加工制造和部分生产管理两种功能，因此能综合地提高生产效益。FMS通常由自动加工系统、信息系统、软件系统和物流系统四部分组成。

从经济层面看，制造是通过一个或一组工艺操作将材料转变成具有更大价值的材料。经济定义的核心是通过改变材料的形状、性质或与别的零件结合，"制造"增加了材料的价值，即材料通过作用在它身上的制造操作而增值。

二、"制造业"的含义

根据制造的定义似乎很容易得出制造业的定义,即"通过加工把原材料转化为产品的工业"。但是人们根据不同的需要,从不同的角度提出了不同的定义。这正是本研究需要予以明确的地方。

从统计与国际比较的角度,在联合国《标准产业分类 ISIC 第 4 版》和中国《国民经济行业分类 2002》以及欧洲《欧共体内部经济活动一般产业分类》(NACE)的一级目录中,制造业是指在工业领域除了采掘业和电、水、气的供应行业,以及建筑业外其他所有行业。但从产业研究的角度,常常指广义的制造业也就是整个第二产业,包括采掘业和建筑业。

制造业服务化特别强调二、三产业的动态发展,强调创新和技术传递,而现有的统计信息还无法很好地反映这一现象。从创新和技术在行业中的传递角度进行行业分类研究的现状看,帕维特的产业分类法是比较为学术界所认可的。他把制造业分为四大类:供应商主导型制造业、规模经济型制造业、科技主导型制造业和专业型制造业。

从中国的经济实践领域看,与制造业相关的名词还有装备制造业和新兴战略性产业。装备制造业的概念可以说是中国特有的。这个词首次正式出现是在 1998 年中央经济工作会议上,会上出现了"要大力发展装备制造业"的提法,主要是指资本品制造业,是为满足国民经济各部门发展和国家安全需要而制造各种技术装备的产业的总称。按照国民经济行业分类,其产品范围包括机械、电子和兵器工业中的投资类制成品,分属于金属制品业、通用装备制造业、专用设备制造业、交通运输设备制造业、电器装备及器材制造业、电子及通信设备制造业、仪器仪表及文化办公用装备制造业等 7 个大类 185 个小类。

新兴战略性产业是指新能源产业,信息网络产业,新材料领域,生命科学领域,空间、海洋和地球深部资源产业。

三、生产者服务业与服务贸易

需要特别说明的是与服务业有关的几个概念问题。

首先是生产者服务业概念。根据方远平和毕斗斗(2008)的研究,这个概念最早由伯朗宁和辛格曼在 1975 年根据联合国标准产业分类 ISIC 提出。他们将服务业分为三类:消费者服务业、生产者服务业和分配服务业。1978 年,辛格曼在原有分类法基础上将服务业分为四类:流通服务、生产者服务、社会服务和个人服务。从行业研究的角度看,辛格曼的服务业四分法更好地反映了经济发展过程中服务业内部结构的变化。

站在制造业的角度看,如果这些服务是由制造企业来实施,而不是由专门的服务企业来实施,那么就可以称之为制造业服务化。如果由专门的服务企业来实施则称之为服务外包。"服务外包是把原来在企业内部提供的服务性投入活动,通过正式或非正式的服务水平合约转移给外部厂商去完成的现象"。从分工的角度看,服务外包和制造业服务化都是分工深化的结果。分工的深化表现为同一产业的迂回程度的增加，以及价值链的延长，制造业服务化是服务要素和服务供给的增加，生产变得日益复杂，满足的需求也更加多元化，是劳动分工深化的结果。两者的区别在于，外包出去的一般是企业的非核心业务环节，而内化为企业业务的服务一般对企业的核心业务有重要影响。

相关服务活动具体由制造企业实施还是服务企业实施的原因可以从以下几个方面来分析。

第一，可以用交易成本理论来解释。这实际上是社会分工在交易成本与效率之间进行权衡的结果。如果交易成本很高，那么企业将选择把业务内部化，也就是融合；如果交易成本低，那么企业将选择把某项业务外包。

第二，可以用知识经济的相关理论来解释。从制造业服务化所选择实施的某些服务活动的知识属性上看，因为这种服务是与制造密切联系的中间服务，具有知识密集型特征，而且这种知识是隐性知识，无法通过市场交易有效传递。

第三，从服务制造现象和生产者服务现象的发展共性上看，其本质都是知识密集型服务要素在生产过程中变得日益重要的结果。在经济实践中我们不仅观察到许多像通用电气、国际商用机器公司、施乐这样的制造企业服务化转型，还会发现许多服务企业在向制造业领域延伸。以信息技术行业为例，谷歌公司原本是一个网络搜索引擎服务提供商，但却把触角伸向了手机制造领域。2007 年谷歌公布了应用于手机的 Android 操作系统，2008 年首款应用 Android 系统的手机由美国运营商 T-Mobile 和 Google 在美国纽约正式发布并上市销售，代工厂是中国台湾的宏达国际电子股份有限公司（HTC）。2010 年，谷歌正式推出了自主设计、自主品牌的手机"Nexus One"，产品通过两种模式销售：一是通过谷歌的网络商店直接销售给消费者；二是通过通信网络运营商与消费者签订服务协议的方式销售。Nexus One 手机的推出标志着谷歌的业务范围从单纯提供服务，扩张到现在的设计和销售有形产品领域。

实际上不仅谷歌公司对硬件设备的制造非常重视，在信息技术行业，各大 IT 公司都纷纷涉足硬件制造领域。如著名的微软公司不仅是一个软件公司，其硬件业务也非常好。根据微软中国公司董事长张亚勤的介绍，微软每年硬件业务收入为 75 亿美元左右，如果按 2007 财年总销售额 511 亿美元来计算，硬件收入占比为 14.7%，说明硬件业务也是比较重要的营收业务。一方面是制造业的服务化，另一方面是服务业的制造化，这两个看似矛盾的趋势其实都说明，在知识经济背景下，知识要素日益成为决定企业收益高低和竞争成败的关键，传统的制造企业或服务企业为了在激烈的竞争中胜出，就必须善于运用企业手中掌握的知识要素，去整合传统的资本、劳动要素和各种资源，在掌握价值链中的核心环节的同时实现价值链的延伸，从而实现收益的增长。但本研究主要是从制造业的角度，也就是制造业服务化的角度去研究这个问题的。

其次是服务贸易的问题。根据联合国《服务贸易统计手册》对服务贸易总协定的解释，服务贸易包括四种类型：跨界供应、境外消费、商业存在和自然人存在。手册在规定服务的种类时，把建筑及相关服务也列入其中。并在手册第38页具体解释道："建筑服务包括构成建筑合同的一个组成部分的所有货物和服务，包括工地准备工作，房屋建筑工作，土木工程建筑工作，机械的安装和装配及其他建筑服务，例如建筑或拆除设备及操作员的出租服务或房屋外部清洁工作，建筑修理也包括在内。"根据随后给出的计算实例，与建筑有关的有形商品的交易也作为建筑项目的一部分计入建筑服务总额中。因此根据这一分类方法，国际工程承包应该属于服务业的范畴。

把国际工程承包看作制造业对外销售产品和服务的众多模式中的一种来认识，因此本书第五章论述制造业服务化对贸易的影响效应时，仍然把国际工程承包行业作为代表性的案例进行分析。这样做并非削足适履。因为从历史角度看，许多当今国际工程成本行业的巨头，在起步之初往往都是从事新兴技术产品开发和制造的生产性企业，随着公司逐渐成长为跨国公司，不断通过对外直接投资，扩展企业经营范围，从单纯产品制造发展到与新兴技术相关的工程承包，甚至是相关领域的工程承包。例如法国阿尔斯通最初是电气设备生产商，后来涉足电力工程、能源工程、交通工程业务领域，成为世界著名高速铁路承包商；英国沃达丰前身是专营移动电话的一个部门，凭借移动通信技术承包起家，逐步发展为移动通信网络建造商；德国西门子从电子产品制造商，而今天已成为电气和高速铁路工程领域的著名承包商……可以说，这些都是制造业服务化在工程承包领域的典型代表，很难明确地把它们归类为制造业还是服务业。

综上所述，本研究在涉及服务的讨论时，并不强调该种服务来自服务业还是由制造业，而是把它处理为制造业的中间投入要素，因而在本质上，他们和资本、劳动、自然资源等生产要素是一样的。这样既便于借助投入产出表获得制造业使用的服务要素数量，进行定量分析，又可以避免因分类体系的纷繁芜杂而影响到我们的判断。

第五节　制造业服务化的理论分析框架

根据制造业服务化的概念可知，服务化现象分为多个层次，既体现在制造企业的微观运行层面，又和整个制造产业层面密切相关，对整个宏观经济也产生着影响。因此，对这一经济现象的理论分析也必然是多视角、多层次的。根据各种理论的相关性和解释力，本研究将以价值链理论为基础，综合借鉴产业经济学、产品内国际分工理论、发展经济学、演化经济学、生态经济学、系统论和管理学的相关理论，力图对制造业服务化现象进行较为系统和深入的分析。

一、价值链理论的发展历程

波特在1985年出版的《竞争优势》一书中最早提出了价值链的概念。但这一概念最初是用来分析单个企业的竞争优势，虽然后来波特将其拓展到公司与公司之间，提出了价值体系的概念，但总体上仍然属于微观经济运行层面，而且并不对企业所属的行业做区分。因此这一层面的价值链理论还无法完全满足本研究分析的需要。

科格特首次把国家的比较优势与企业的竞争能力联系起来，认为两者的相互作用，最终决定了国际商业战略的模式选择。其中，国家比较优势决定了整个价值链条各个环节在国家或地区之间如何进行空间配置；企业的竞争能力则决定了企业应该专注于价值链条上的哪个技术层面和环节，才能保持竞争优势。与波特的价值链观点相比，科格特的这一观点强调了价值链与宏观经济运行之间的内在关系，因而为全球价值链理论的形成奠定了基础，也更有利于对制造业服务化运行机制的理解。

格雷菲和一些学者提出了全球商品链（GCC，Global Commodity Chain）的分析框架，将价值链的概念与产业的全球组织直接联系起来。该理论反映了在经济全球化的背景下，产品内国际分工的发展。在这种分工体系中，商品的生产过程被分解为不同阶段，围绕某种商品的生产形成一种跨国生产组织体系，把分布在世界各地不同规模的企业、机构组织在一个一体化的生产网络中。但是该理论的关注焦点主要集中在垂直一体化的产业关系上，研究对象主要是产业链条上处于主导地位的企业。而诞生于知识经济时代的制造业服务化强调以各种知识为基础的服务要素的重要性，因为占有的知识类型的不同，产业内部或产业之间的关系更多的是网络型的，而非垂直一体化型的。而且从研究重点看，处于价值链中被领导地位的企业或行业的转型升级问题才是本研究最为关注的。

全球价值链理论基于网络的方法分析全球产业，汉弗莱和施米茨、汉弗莱、卡普林斯基和莫里斯等人系统研究了产业升级问题，提出了产业升级的一般规律（他们的理论将在下文中详细介绍）。在众多学者的努力下，全球价值链理论得到了学术界和相关国际组织的广泛认可，并逐渐形成了包含价值分析、治理结构、价值链驱动者、产业升级等主要研究对象的理论体系。

无论是服务要素投入的增加，还是最终产品中服务供给比例的增加，结果都将导致制造业收益的增加，而价值链理论的核心观点就是链上各环节创造的价值是有区别的，制造业服务化就是制造业价值链关键环节的服务化。因此从学理上来看，可以将价值链理论作为研究制造业服务化现象的核心理论。

二、制造业服务化成因的有关理论

英国苏塞克斯大学的发展研究所是全球价值链问题的研究重点之一，根据该机构的定义，全球价值链是产品在全球范围内，从概念设计到使用直到报废的整个价值创造过程中所有的相关活动，包括对产品的设计、生产、营销、分销以及对最终用户的支持与服务等。组成价值链的各种活动可以包括在一个企业之内，也可分散于各个企业之间；可以聚集于某个特定的地理范围之内，也可散布于全球各地。

联合国工业发展组织对全球价值链的定义：实现商品或服务价值而连接生产、销售、回收处理等过程的全球性跨企业网络组织，涉及从原料采集和运输，半成品和成品的生产和分销，直至最终消费和回收处理的整个过程。它包括所有参与者和生产销售等活动的组织及其价值利润分配。当前，散布于全球的处于全球价值链上的企业进行着从设计、产品开发、生产制造到营销、销售、消费、售后服务，再到最后循环利用等的各种增值活动。

联合国贸易发展会议对全球价值链的定义，产品的价值链被分为三大环节：一是技术环节，包括研究与开发、创意设计、生产及加工技术的提高和技术培训等分环节；二是生产环节，包括后勤采购、模板生产、系统生产、终端加工、测试、质量控制、包装和库存管理等分环节；三是营销环节，包括销售后勤、批发及零售、广告及售后服务等分环节。

价值链理论的核心观点：构成某一产业的价值链的众多环节中，只有少数所谓"关键环节"创造的价值最大。在知识经济时代，制造业服务化的产生与发展正是由于无形的服务活动越来越取代有形的产品而逐渐成为价值链上经济价值的产生源泉。而这些无形的、与生产密切关联的服务活动越来越依赖于服务提供者对相关知识和技能的掌握，而区别于传统的依靠简单劳动所提供的消费性服务。这些服务的提供还依赖于组织管理体系的健全和完善，有别于自发的、零星的、偶尔为之的服务活动。一些服务性价值链环节，如设计和研发服务、系统解决方案、零售和分销服务、物流控制、租赁服务等，在价值链上发挥了日益重要的作用。

三、制造业服务化演化机理的有关理论

（一）产业经济学理论与制造业服务化

从学理上看，在众多以产业间的相互关系与演化过程为研究对象的学科中，关系最近的要数产业经济学了。产业经济学的理论体系中的产业结构理论可以分为两个层次：一是从三次产业之间的关系的角度进行研究；二是从工业内部各行业之间的关系进行研究。但是现有产业结构理论并不能完全满足我们分析制造业服务化现象的需要。根据专业化分工能够带来效率的提高的一般原理，三次产业的依次出现是社会分工的结果。因此按此逻辑进一步推导，制造企业应该专门分工生产有形产品，服务企业应该专门分工提供服务产品，所以制造业服务化这种现象看上去似乎是违背分工理论的，是非正常的产业结构。但是为什么包括国际商用机器公司 IBM、通用电气 GE、施乐 XEROX 在内的制造业标杆企业纷纷转型实施服务化战略呢，IT 服务业的标杆谷歌为什么又涉足生产手机产品呢？根据目前的发展状况，很难说他们代表的是一种倒退的趋势。因为这些公司的收益仍然名列前茅，近年来持续位列世界 500 强企业。为了更好地解释这一悖论，我们需要借助其他相关理论。

（二）价值链、系统论、生态经济学与制造业服务化

1. 价值链与制造业服务化

价值链对产业升级动力的研究有助于我们更好地探究上述问题的产生原因。在知识经

济背景下的制造业服务化的演化分析问题，首先要回答的是制造业服务化从无到有的产生过程，其次要回答的是新的产业类型产生之后的发展的可持续性问题，也就是从有到好的问题。

从价值链的角度研究产业升级问题可以分为几个研究领域：升级的动力来源问题；升级的路径研究，从现有文献看升级路径大致可以分为功能升级、产品升级、价值链上的升级和整个价值链的升级，以及升级的产业政策研究。

首先，从升级的动力来源看，具体又可以分成核心竞争力研究和动态能力研究两个研究派别。企业的核心竞争力包括满足需求能力、差异化能力、复制难度高；而动态能力包括企业内部业务流程的优化、企业环境的优势和企业发展路径。虽然上述研究主要集中在企业层面研究升级，但相关内容为分析制造业服务化产业升级提供了很有价值的参考。

价值链理论认为，企业的核心竞争力或动态能力是一个企业升级的动力。考察上述能力的内容就会发现，在知识经济时代，上述能力的获得的关键途径是知识在企业或产业内部的积累、传播与创造。因此，借助于对升级动力来源的深入分析，将有助于我们揭示制造业服务化从无到有的产生过程。

其次，从升级的先后次序来看，格雷菲最早将产业升级分为四个层次：

（1）初级层面是与工艺有关的升级，表现为同种产品的复杂度从单一方面到多方面的提高；（2）中级层面是与经营有关的升级，表现为设计、生产和营销能力的提高；（3）中高层面是产业内部的升级，表现为从同一价值链的低端环节向高端环节延伸；（4）高级层面是产业间的升级，表现为从总附加价值较低的价值链向资本技术密集的高附加价值链升级。

更为学者们广泛引用的是依次递进的四类升级步骤：工艺升级、产品升级、功能升级和链条升级。工艺升级表现为产品制造工艺的改进；产品升级表现为制造出附加值更高的产品；功能升级指的是企业或产业向价值链两端延伸，如从加工制造延伸到自主设计、营销等；链条升级是指从一个领域延伸到新的领域。对制造业服务化演化过程进行分析的一个重要目的，就是说明制造业升级的路径选择是否遵循了上述四个步骤。

2. 系统论与制造业服务化

上述分类虽然被广泛接受，但仍停留在对升级过程的文字描述分析上，实证手段以案例分析为主。为了构造制造业服务化的动态演化模型，以便为定性分析这一现象做准备，本研究在价值链理论的基础上，还借鉴了系统论和演化经济学的相关理论。

系统论是由贝塔兰菲（Bertalanffy）在20世纪40年代提出的，该理论着重以整体性的视角看待问题，强调整体大于部分之和，把研究对象看作一个系统，通过对系统的结构和功能的分析，揭示整个系统、系统构成要素和系统所处环境三者之间的相互关系和运动规律。根据系统论的观点，可以把制造业看作一个系统，制造业的产生和发展活动要不断地与外部环境进行物质和能量交换。

以系统论的观点考察现有制造业服务化的研究就会发现，在发达国家大量出现的制造业服务化现象是一种新生事物，其自身内部仍然在不断运动发展，与此同时，又和外部环境存在紧密联系、互相影响的关系。系统论的整体观点有助于解释清楚这一经济现象的复杂运动变化规律。

从研究重点上看，西方学者对制造业服务化的研究集中在制造业服务化的产出问题上，把制造业服务化作为一种规避来自发展中国家制造业竞争的手段，或者是满足客户需求实现产品差异化的手段。但是我们应该认识到，西方国家从产业革命发展到今天，走过了相当长的历史过程，而且遇到的竞争和今天相比要弱得多。而目前大多数发展中国家仍然处于工业化阶段，服务业很不发达。今天的外部环境不允许发展中国家再按部就班地重复西方发达国家走过的道路（即三次产业次第升级的固定顺序）。从线性思维转变为系统化思维，这正是系统论的优势。

3. 生态经济学与制造业服务化

生态经济学是生态学和经济学的交叉学科。生态学是研究生物有机体与其栖息地环境之间相互关系的科学。在自然界中，各种生物构成生物群落，生物群落又构成生态系统。在经济领域，同类企业进而组成产业集群，各个产业集群又构成了价值链体系。每一行业所属的企业像生物体一样，也有其生存发展的经济环境。生物体与自然环境存在物质和能量的交换，而企业生产活动也需要各种要素的投入，而企业的产品又成为其他企业的投入品或最终消费者的消费品，从而形成类似于物质能量循环的经济循环。

相对前述主流经济学分析范式而言，生态学的整体观（即生物与生物，生物与环境之间是相互依存、相互制约的统一整体）有助于克服机械决定论的分析范式，而生态学对生物种群演化规律的研究方法则有助于我们用动态的、发展变化的眼光看问题。因此，在研究制造业服务化这一新生事物的演化规律时，如果能够借鉴生态学的相关理论和方法无疑将有助于深化我们的认识。

为了更好地描述制造业服务化的演化过程，本研究第三章将借鉴生态经济学的理论，构造一个经济演化模型，并通过模型推演来深入揭示制造业服务化的运动规律。

四、制造业服务化效应的有关理论

对产业转型升级效应的分析，主要还是依据价值链理论进行的。从价值链的角度看，升级效应主要体现在，制造业服务化促进生产迂回度的增加，使价值链的宽度增加；制造业服务化使产品技术复杂度增加，使价值链深度增加。

就就业效应而言，本研究主要借鉴了发展经济学的有关理论进行论述。在知识经济背景下，服务要素成为主导性生产要素，尤其是知识密集型的服务要素在生产中的地位更加重要，担负着整合资本要素、技术要素和劳动要素的任务。因此知识经济下产生的制造业服务化对非熟练劳动者的就业和知识劳动者的就业的影响规律有其特殊性。对于这个问题将在就业效应章节作详细讨论。

对贸易效应而言，随着全球化和产品内分工的不断发展，中间产品贸易日益成为国际贸易的重要模式之一，本研究将借鉴马库森和弗朗索瓦的研究，构造服务中间产品贸易模型，对制造业服务化的贸易影响进行分析，论述中间服务贸易对贸易国贸易所得的影响。

对环境效应而言，本研究借助价值链理论，说明了随着制造业对价值链各个环节的环保责任的增加，相应的成本也会增加，而制造业服务化将有助于制造业减少资源消耗，降低污染排放，从而有利于保护环境。

本章首先介绍了制造业服务化的概念，指出服务化的本质属性就是服务要素在投入环节的大量使用，和服务供给占最终产品的比重不断增加。从服务化的发展趋势上看，以OECD国家为代表的高收入国家的制造业对中间服务投入的依赖较高，因此服务化比较发达。从国别来看，美国是服务化程度最高的。

分工的深化表现为同一产业的迂回程度的增加，以及价值链的延长，制造业服务化是服务要素和服务供给的增加，生产变得日益复杂，满足的需求也更加多元化，是劳动分工深化的结果。

从理论框架上看，无论是服务要素投入的增加，还是最终产品中服务供给比例的增加，其结果都将导致制造业收益的增加。而价值链理论的核心观点就是生产过程的各个环节的增值额是有区别的，制造业服务化就是制造业价值链关键环节的服务化。从学理上看，制造业服务化可以归属到价值链理论的研究范畴当中。

但是由于价值链本身仍然处于不断完善和发展的过程中，具体研究对象和研究方法学界并未达成广泛共识，而制造业服务化又涉及多个学科和经济领域，因此有必要借鉴其他学科的理论。针对制造业服务化这一研究对象的特点，本研究将借助价值链理论框架的价值分析理论来分析服务化的成因；借鉴系统论和生态经济学来分析制造业的演化过程；结合产业经济学和全球价值链理论分析制造业服务化对产业转型升级的效应；借鉴国际分工、国际贸易理论分析服务化的贸易效应；借鉴发展经济学的部分理论分析就业效应；结合价值链理论对环境效应进行分析。

第三章 制造业服务化的成因

制造业服务化是制造业的演进过程的现代表现形式。因此对其成因的探究可以按宏观经济结构变化与产业演进的一般规律展开。然而，在不同时代，产业演进的主导因素又存在特殊性，所以其成因分析还应该结合时代特征展开。本章首先从熊彼特的创造性破坏理论入手，分析产业演进的宏观因素与规律，然后结合知识经济的时代特征，分析知识经济对价值链产生的影响，进而分析其对服务化转型的影响。试图回答：决定产业演进的一般原因是什么，不同经济结构下的产业演进又具有哪些特殊因素？在知识经济影响下价值链发生了哪些变化，服务要素重要作用体现在何处？这些变化又是怎样进一步影响到制造业的收益变化，使其发生向服务业的转型的呢？本章主要从经济长周期、知识经济、价值链延伸、产业收益和环境等角度详细梳理制造业服务化的成因。

第一节 要素结构变化、长周期与产业演进的动因

产业演进的过程并不是线性累进的，而是以工业革命为节点，呈阶梯形上升态势。2012年以来，国际媒体热炒"第三次工业革命"概念，《经济学人》杂志文章甚至断言"中国崛起"将被第三次工业革命所终结。工业革命是否已然发生，新一轮工业革命究竟会对产业结构与制造业产生何种影响？找到引发工业革命的原因，就能更好地理解产业演进动因的关键所在。

"工业革命"这个概念最早可追溯至1789年法国大革命时期，伊曼纽尔·沃勒斯坦指出，包括弗里德里希·恩格斯、约翰·斯图尔特·密尔、卡尔马克思和阿诺德·汤因比等人在内的一批知名学者都在各自的研究中关注过这一主题。对工业革命产生原因及影响的理论探讨一直持续到今天，最近引起国内各界广泛关注的是美国未来学家杰里米·里夫金提出的"第三次工业革命"。

关于工业革命的历程，有学者认为已经发生了两次（斯塔夫里阿诺斯，2005），有的认为发生了三次（杰里米·里夫金，2012），有的认为发生了四次（熊彼特，1934）。新熊彼特流派学者对熊彼特的"创造性破坏"理论做了进一步深化，总结了关键要素的概念及其特征。

历史经验表明，历次经济危机都为新一轮科技创新提供了生长的动力，而科技创新又

引发了生产要素结构的变化,在所有生产要素中,起主导作用的要素对工业革命和经济增长发挥了根本作用。那些及时把握住历史机遇的国家和企业最终都凭借新优势站在了时代潮流的前列。

一、要素结构变化促成了工业革命的发生

可以用新熊彼特学派的技术—经济范式理论来说明科技革命、工业革命和经济长周期之间的关系:科技革命引发的技术进步是导致工业革命的根本原因,而技术和经济领域的变革使得实体经济与原有的社会—制度框架变得日益不匹配,进而引发一系列调整,导致经济下行。随着调整过程的结束,实体经济的活力被释放出来,经济便相应进入了上行周期。在整个周期交替的过程中,生产要素中的关键投入要素是否得到了普遍应用是区分不同时期的技术—经济范式的重要标志。

对于关键要素的特征与经济长周期的界定,新熊彼特流派学者认为,关键要素是体现着技术—经济范式的组织原则或者说是存在合理性的一种或一系列特定的投入品(inputorasetofinputs)。技术—经济范式的更替都与某些特定的投入品密切相关,这些投入品(也就是"关键要素")必须具备如下特征:相对成本低廉且迅速下降,可以在较长时期内大量供应,在许多产品和工艺中都有很大应用潜力;能够直接(或通过创新)降低资本设备、劳动投入和其他投入的成本并提高其质量。

工业革命与经济长周期有着密切的关系,如果能够清晰界定世界经济当前所处的长周期阶段,就能够判断出工业革命的可能演进方向,能够发现关键要素在经济长周期阶段界定中起着重要作用。

根据熊彼特对长周期的论述,每一次工业革命都是一次科技创新的高潮,而每一次长波都包含一次工业革命。因此,从长周期的视角看,世界经济迄今为止已经历了四次长波,发生了四次工业革命。目前正处于第五次长波的中期阶段,或正经历第五次工业革命,可能将迎来第六次工业革命。

第一波为18世纪80年代—19世纪40年代,关键投入要素为棉花,经济的支柱产业是纺织业。在这一阶段,棉纺机械的发明大大提高了棉纺织业的生产效率,棉纺业产值在工业中的比重日益上升。棉纺织品价格的下跌提高了英国出口竞争力,"1820年,英国棉纺织品出口占总产出的60%,成为19世纪最大的单一贸易商品"。

第二波为19世纪40—90年代,关键投入要素为铁和煤炭,支柱产业为铁和煤的开采业、铁路运输业、蒸汽机的制造业等。在这一阶段,蒸汽机的发明带动了铁路运输的发展,包括火车在内的运输业发展又使得煤炭的价格大幅下跌,间接降低了铁的价格。

第三波为19世纪90年代—20世纪40年代,关键要素为钢,支柱产业为炼钢业和电力工业。这一阶段,钢材生产技术的提高使其价格大幅下跌。

第四波为20世纪40—90年代,关键要素为石油和塑料,支柱产业为石油产业、汽车

工业。这一时期，石油产业得到了很大的发展，石油价格以 1991 年为基年计，从 1860 年的 30 美元每桶下降到 1940 年的 8 美元每桶，1970 年更是下降到 3 美元每桶，而石油产量持续增加，从 1939 年的 21 亿桶增加到 1991 年的 226 亿桶。

第五波为 20 世纪 90 年代至今，关键要素为芯片，支柱产业为电子信息产业。这一阶段，电子通讯产业得到了极大的发展。光线电缆的发明使"海底电缆每语音信道的年成本从 1970 年的 10 万美元迅速下降至 2000 年的几十美元"。在制造领域，智能制造技术开始被广泛应用在设计、生产、管理和服务等制造业的各个环节，制造业正向更加信息化、智能化的方向发展，其对知识、技术密集要素的需求正与日俱增。

通过以上对历次长周期的梳理，可以发现一个显著的规律，就是在每个长周期的经济繁荣时期，"某种价格低廉的关键要素的密集使用"这一特征非常显著。根据这个规律，当前世界经济正处于第五波长周期的下行阶段，主导本轮长周期的关键投入要素是以芯片为代表的信息技术创新。

二、新一轮工业革命的特征

在信息技术革命的影响下，新一轮工业革命已经初现端倪，概括起来包括以下三方面。

（一）绿色、智能和可持续发展是新工业革命的基本特征

自第一次工业革命以来，科技革命对工业革命的先导和引领作用日益增强。2009 年 9 月时任全国人大常委会副委员长、中国科学院院长的路甬祥院士在接受《人民日报》记者专访时说："在今后的十到二十年，很有可能发生一场以绿色、智能和可持续为特征的新的科技革命和产业革命，科技创新与突破将创造新的需求与市场，将改变生产方式、生活方式与经济社会的发展方式，将改变全球产业结构和人类文明的进程。"

上述特征一方面是由当前人类社会的基本矛盾决定的。200 多年的工业化历程在极大地促进了经济增长的同时，也造成了自然资源的枯竭，生态环境的破坏。因此包括中国在内的广大发展中国家的工业化必然面临摆脱贫困，实现现代化和经济增长目标与自然资源供给能力和生态环境承载能力有限的矛盾，而且这一矛盾将变得日益尖锐。这使得中国等发展中国家不能再走历史上少数国家走过的老路，必须要探索新的经济发展模式、新的生产方式和生活方式。

另一方面，科学技术领域的突破已经初露端倪，如果中国能够把握机遇，依靠科技创新促进中国产业结构调整，创造新的经济增长点，中国达成实现现代化的目标将指日可待。在知识时代，科技革命有可能在信息、生命和空间科技三个方面发生，并扩散到能源和物质科技方面。其中，信息科技的革命将使人类更便利地获取知识和信息，从而更好地满足人类文化生活；生命科技革命将实现人体器官和组织的"再生"，甚至通过人机合一而实现人体的"永生"，人类健康长寿的愿望将得到很好地满足；空间科技和物理学的革命将使人类实现宇宙旅行和移民，人类的生存空间将大大拓宽，开发太空将不再是梦想。

（二）生产方式从大批量生产向个性化定制生产和分散式就地生产转变

随着数字化制造的发展，规模经济变得不再明显，而小批量、多样化的生产方式更符合范围经济的特征。以 3D 打印机为例，购置设备和打印材料的投入是固定的，但驱动打印机工作的程序却可以根据需求随意设置，从而可以打印出所需的各种形状的产品。吸引人们做出购买行为的是产品的个性化和适用性，而非低廉的价格。而要更好地满足人们的个性化需求，生产过程就必须更加贴近当地市场，这就使生产过程进一步从集中化向分散化演变。

（三）企业的商业模式从做大做强向做强做优转变

借助互联网技术的发展，企业获取收益的方式将发生转变。企业通过将其创造的价值分为基础业务和增值业务两部分，并借助数据分析，实现充分的市场细分，对基础业务实施免费或低价战略，对增值业务实施高价战略，从而降低成本，获得收益。腾讯公司通过向广大用户提供免费即时通讯平台获取认知度，然后通过提供各种付费应用来获取收益就是一个例子。

三、第五波经济长周期对新一轮工业革命的影响

（一）信息技术发展趋势

第五波长周期的关键投入要素是以芯片为代表的知识密集型要素。国家信息中心信息化研究部副主任张新红指出，未来信息技术发展具有高速度、大容量、宽带化、泛在化、智能化等五大趋势。

根据美国高德纳公司发布的信息技术《技术成熟周期报告》，技术成熟曲线分为五大阶段：技术萌芽期、泡沫膨胀期、泡沫化的谷底期、稳步爬升的光明期、实质生产的高峰期。高德纳公司 2012—2013 年信息技术成熟度报告介绍了 48 项技术的创新周期分布情况。值得注意的是，当前媒体热炒的大数据、3D 打印正处于泡沫膨胀期，而云计算正处于泡沫破灭期。

1. 大数据技术进入泡沫膨胀期

高德纳报告指出，当前大数据技术正日益受到市场的关注，但在 2012 年，该技术已进入了泡沫膨胀期，即将迎来一个漫长而痛苦的泡沫破灭期。经过泡沫的基础阶段后，大数据将进入成熟增长，据高德纳估计，该技术在目标客户中的认知度目前只有 1%~5%，到 2015 年，掌握全面处理大数据技术的企业将比对此完全没有准备的竞争对手在财务表现上超出 20% 左右。

2. 3D 打印技术正接近泡沫膨胀的顶点

3D 打印技术诞生于 20 世纪 80 年代末，当时主要用于工业设计中的原型制作。近年来，随着技术进步和成本下降，该技术被得以推广到商业、教育和消费领域。近年来，多

色 3D 打印机价格约在 1.5 万美元，单色 3D 打印机约 1 万美元。企业可以适度的投资，换取设计和开发效率的大幅度提高。从发展趋势看，2012 年该技术正接近泡沫膨胀的顶点，其价格有望不断下跌；从市场成熟度看，该技术仍处于"青春期"，目标客户的接受度为 1%~5%，但市场正处于快速发展中。

3. 云计算技术处于向谷底滑落阶段

云计算技术是一种基于互联网的信息服务技术。2012 年，该技术已经从泡沫膨胀的顶峰向泡沫破灭的谷底滑落。目标市场认可度约 5%~20%，正处于接近主流市场的早期阶段。从发展前景看，云计算技术涉及多个组成模块，某些模块并不成熟。要采用该技术前必须经过充分的技术成熟度评估和风险评估。

4. 未来 10 年将迎来高度关注的技术

人体机能增进、量子计算、全息显示、3D 生物打印、移动机器人、物联网等技术当前正处于萌芽期，目前以实验室研究为主，少有商业力量的介入，需要大量的资金支持和商业运营知识的支撑。如果政府能够给予适当扶持，那么受益企业将可能获得领先优势。

（二）信息技术作为关键要素投入对本轮长周期的特殊影响

在对经济周期的影响上，信息技术与之前各轮科技创新相比，既具有共性也有特殊性。这里主要讨论其特殊影响。

1. 奥肯悖论

所谓奥肯悖论指的是 GDP 经济增长与失业率的同方向变化现象，即经济增长的同时，失业率并没有下降却仍居高位的现象。以美国数据为例，美国自发生次贷危机以来，GDP增长率从 2009 年的 2.2%恢复至 2011 年的 4%，但是 2011 年失业率却仍然保持 8.9%的高位。尽管 2012 年 9 月美国失业率降至 7.8%，但"无就业复苏"仍将是欧美国家未来经济的主要特点之一。因为信息经济主要的投入要素是知识密集型和资本密集型的，需要的是高技能的劳动者，因此这一领域的技术进展对增加制造业一线劳动者就业及其他低端劳动者就业的能力有限。这种特征与第一次和第二次工业革命对就业的影响是截然不同的。众所周知，早期的工业革命促成了劳动力从农业部门大量转移到了工业部门，实现了劳动生产率的大幅度提高和工人收入的提高。

2. IT 产业消费化趋势

所谓"消费化"指的是消费者比企业和政府更早采纳新技术的现象。高德纳公司2012—2013 年技术成熟度报告介绍了 48 项 IT 技术，其中有 13 项都是接近消费者和与消费者互动有关的技术；有 8 项是与分析、理解和利用消费者行为有关的技术。这种消费者居于技术变革的主导地位的现象反映了来自消费领域的新技术和新模式正日益对企业产生影响的新趋势。这种新趋势与过去那种以企业的 IT 部门作为信息化主导者的模式有显著区别。这种新趋势的发展得益于云计算、大数据、移动终端等技术的发展，这些技术使得公司员工能够不依赖于公司的办公设备来完成工作，工作与非工作时间的界限更加模糊，企业也能够更好地适应客户的需求。

早期的工业革命主要发生于生产领域，如改进生产工艺、发明新机器提高劳动生产率等。但消费化潮流要求企业基于对消费者需求的深刻理解做出创新，而非通过提高劳动生产率降低现有产品的成本。在消费化的背景下，企业要想赢得竞争，就更应该重视对消费者需求的研究。技术创新应以顾客需求为中心，而非片面追求技术的先进性。因此这一变化趋势意味着，为了更好地满足顾客的个性化需求，制造环节与服务环节必须比过去更加紧密地配合才行。那种把制造环节集中于拥有廉价劳动力成本的区域，而研发、营销、售后服务等集中于终端市场的做法将不再有效。所以说，需求端的变革是引发制造业服务化的一大诱因。

3. 创新周期递减的负面影响

技术创新周期递减指的是原始创新诞生后，该领域的后续技术对原有技术的替代呈加速度发展的趋势。从机械打字机出现到电动打字机出现经历了192年，从电动打字机出现到早期文字处理机出现经历了58年，而从文字处理机出现到个人计算机出现只经历了10年。同样，从煤气灯、白炽灯、荧光灯到LED灯，照明技术发展周期也呈现逐步缩短趋势（张文辉，2004）。而在信息技术时代，"摩尔定律"则是创新周期时间递减规律的集中体现。创新周期时间递减规律的存在加剧了厂商间的竞争，使厂商难以长期获得垄断利润。而这又导致了投资结构的变化，即投资者更急于获取短期利润，因而企业增加了扩张阶段的投资，而对启动期的投资往往不足，导致基础创新得不到足够的资金支持，而模仿性创新泛滥，人们满足于对现有技术的小修小补，而非根本性变革，经济增长动力不足，因而进入熊彼特长波的投资和投机过渡阶段，而这恰恰不利于创新的可持续发展。

关于创新机制，除了"自主创新""协同创新"和"开放式创新"外，还应注意到，新兴国家创新能力提升的一个重要机制是"创新过程的分散化"。"创新过程的分散化"现象的一个重要特征是：当创新活动与制造活动存在密切联系时，分散化现象比较显著；当两者联系比较松散时，分散化现象就不太显著。

例如巴西的汽车供应商作为跨国公司的子公司为全球开发新产品时，如果设计过程中出现了问题，那么往往是由巴西的子公司或当地供应商来解决。印度的软件开发商不仅负责编写代码这类低端应用环节，而且参与了系统架构设计这类高端环节的外包工作。两国的供应商的创新能力都获得了成长的空间，这是第一种情况的经典案例，而第二种情况例如欧美汽车厂商倾向于把最新技术研发放到母国总部。印度当地的研发中心很少把软件研发外包出去。在这种情况下，承担了生产或低端服务环节的供应商将长期停留在原来的水平，对外部市场波动的承受力很差。

这一创新机制揭示了供应端对制造业服务化的需求。忽视制造而片面强调创新将是不可持续的。制造业服务化具有将制造和服务紧密联系在一起的良好特性，有助于分散化机制发挥作用，从而促进创新的可持续发展。

与前面几波长周期阶段不同之处在于，信息市场高沉没成本（卡尔·夏皮罗、哈尔·瓦里安，2000）的特征有可能进一步放大衰退的不利影响，从而使第五波长周期的发展变得更加复杂。所谓高沉没成本指的是信息市场具有高固定成本、低边际成本的特征。厂商为了赢得竞争往往会预付大量的资本投入研发，并积累大量的技术。高沉没成本意味着如果厂商一旦停止生产，这些资本就无法再收回，从而导致大量社会资本的占压。在经济的萧条阶段，由于资本的相对短缺，投资者对投资信息技术的基础性研究更加谨慎，从而使真正具有革命性影响的技术无法得到资金支持。如果政府的救市措施没有对投资的方向进行很好区分，导致资金更多地流向了只能带来短期收益的扩张性投资，最终必然使信息技术难以真正实现突破性进展，无法真正带来生产率的大幅度提高，导致经济复苏无法建立在坚实的基础上。

四、关键要素对宏观经济及产业影响的实证检验

根据新熊彼特流派的定义，关键要素应具备三个特征：相对成本呈下降趋势；较长时期内产量较高；应用潜力大。检验的思路：如果某种产品符合关键要素的投入特征描述，那么在其发挥主导作用的经济周期阶段，应该具有价格下降，产量上升的相对趋势，生产该产品的行业应对其他行业具有较大的前后向关联，该行业的增长与宏观经济增长应该呈正相关。根据这个思路，本研究选择美国石油和计算机这两种产品，对其直观特征、产业关联及宏观经济关联三个层面进行实证检验。

（一）对关键要素特征的统计分析

1946—1974 年，美国石油产量呈逐年上升趋势，而价格呈逐年下降趋势。而相应的，第四波长周期从繁荣到衰退的前 25 年正是 1948—1973 年，两个时间阶段几乎重合。20世纪 70 年代以后，石油产量在下降，价格却一路飙升，宏观经济也进入了萧条阶段，说明石油对经济的推动作用在逐渐减弱。

1978—2011 年，计算机价格指数在逐年递减，产量却逐年递增。第四波的复苏阶段正好是 20 世纪 80 年代初，然后经济持续繁荣，直到 2007 年到达第五波衰退阶段为止。与石油不同的是，从发展趋势上看，石油对经济的驱动作用在 20 世纪 70 年代前后兴衰交替特征非常明显，而计算机至少从目前看仍然将延续自 20 世纪 70 年代以来的发展趋势。

初步统计分析结果从一定程度上说明，当前所处的第五波长周期的关键要素仍然是以芯片为代表的知识、技术密集型要素，关键技术仍然是信息技术。另据科学技术部办公厅和国务院发展研究中心联合编写的《世界前沿技术发展报告 2011》（科学技术部办公厅、国务院发展研究中心，2012）所述，生物技术、新材料、新能源等技术尽管发展潜力巨大，但市场规模仍然较小，有的仍然需要大量的资金投入，有的处于刚刚从研发阶段向商业化阶段的过渡期，尚难以独立担当经济增长的发动机角色。

（二）格兰杰因果检验

根据美国经济分析局（BEA）公布的 1968—2011 年 GDP 和计算机产量指数 Q 数据，

应用 Eviews 软件实施格兰杰因果检验，验证 IT 业对经济的带动作用。计算时对原始数据进行了预处理，对 GDP 变动率取自然对数后做了 2 阶差分，对计算机产量指数 Q 取了 1 阶差分。分别对预处理后的两个序列做 ADF 检验，结果表明两个序列都是平稳的。

（三）对关键要素经济影响的投入产出分析

尽管通过直观分析，可以看到芯片、计算机和信息技术对本轮长周期的作用，但信息技术产业究竟在经济发展中起到了什么样的作用，与经济的其他部门间的相互作用如何呢？仍需要借助投入产出理论加以分析。

1. 数据分析

将美国经济分析局网站上 1998—2011 年投入产出表数据带入上述模型，可以得到美国各类产业的关联关系。这里报告了 1998 年、2006 年和 2011 年三年的结果。为了突出信息技术产业的产业带动作用，在计算时对投入产出表中的数据做了合并，分为能源、工业、服务和 IT 业四个行业。其中，工业为排除了计算机及零部件制造业的制造业，服务业排除了软件和信息咨询业，IT 业则为计算机及零部件制造业与软件和信息咨询业之和。

第一，IT 业在第五波长周期的前期表现出较强的经济带动作用。从 1998 年的投入产出数据分析结果看，IT 行业的影响力系数为 1.178。根据前述理论，这说明该行业对其他部门的后向关联作用较强，对经济具有较大的带动作用。这一结果与当时的经济背景是比较相符的，从经济周期阶段看，第五波长周期的繁荣阶段为 1991—2007 年，美国信息技术特别是互联网产业的发展带动了美国传统产业与信息技术的融合发展，这相应地增加了对服务业的需求，而制造业和服务业的发展又拉动了对能源业的需求，从而促进了整个宏观经济的发展。

第二，IT 业在长周期下行阶段的产业关联效应不显著。从美国金融危机爆发前的 2006 年的数据看，IT 业对其他产业的感应度系数和影响力系数都小于 1，这说明产业拉动作用和带动作用都比较弱。根据熊彼特的创新理论，随着 IT 技术在经济领域的扩散，该技术带来的超额利润逐渐递减，投机性投资逐渐增多，这必然导致经济泡沫的大量积累。2001 年网络股泡沫破灭就是 IT 技术创新效应递减的现实表现。而 2008 年全球金融危机爆发后直到 2011 年这段时间，IT 业对其他产业的感应度系数和影响力系数仍然小于 1，这说明 IT 业对经济的带动作用仍然没有随着宏观经济的恢复而恢复。由此可以判断，当前一个阶段，IT 业无法独立承担起促进经济增长的关键要素角色。这样一来，一方面 IT 业无法担当关键要素职能；另一方面目前的新兴产业又无法完全代替 IT 业所发挥的作用，因此美国经济尽管有所恢复，但复苏前景并不明朗。

第三，工业的产业关联效应一直较强。从 1998 年、2006 年和 2011 年三个年份的数据结果看，工业的感应度系数和影响力系数都大于 1，而对比同期服务业的数据，只有感应度系数大于 1，而影响力系数小于 1。这就说明，尽管从产业结构而言，美国的服务业是其主导产业，但工业对经济的前后向带动作用比服务业大得多。从这一点来看，美国政府推行的"再工业化"战略（宾建成，2011；王俊，2011）的方向是正确的，这一战略不仅有利于培育新的经济关键要素成长，还有利于带动其他产业的复苏，能够为下一波经济增长打下良好的基础。

尽管人们对第三次工业革命是否已经发生尚存在争议，但需要指出的是，当前进行中的工业革命与以往工业革命的一个显著的不同点就是制造业与服务业的互动关系比以往历次工业革命都更为密切。从长周期的视角看，科技革命是工业革命的先导，工业革命的深化又带动了新的科技创新。在二者的互动中，生产要素的结构发生了显著的变化，知识密集要素的重要性日益凸显。在当前信息技术与网络技术发达的时代，以芯片为代表的知识密集型关键要素在产业转型升级中发挥了关键作用。可以说经济长周期波动的科学技术革命是一种创造性破坏力量，也是引发产业演进乃至制造业服务化转型的宏观动因。

第二节　制造业服务化的成因之———知识经济

一、知识经济对产业的影响

（一）知识经济下的产业分类

学者们从不同角度对与知识有关的产业做了分类。在 OECD 的定义中，知识型产业主要包括两部分：第一部分是制造业中的高科技工业，包括计算机、电子、航天、生物等产业；第二部分则是知识密集型的服务业，包括教育、通讯及信息服务等产业。

学者吴思华认为知识型产业可区分为下列五类：新兴科技产业、既有产业科技化、去生产的企业、专业服务业与知识（教育文化）产业化。

从上述 OECD 和学者们对产业的分类情况可以看出，知识的确已经影响到制造业和服务业的方方面面。但值得注意的是，一提起制造业转型升级问题，人们比较容易想到的是通过研发活动培养高新技术制造业，但往往会忽略吴思华所提到的既有产业的科技化模式，它意味着传统产业可以借助知识要素的积累而实现转型升级，而这种方式其实对发展中国家更有现实意义。

（二）知识经济对制造业的影响

知识经济使产品制造模式和生产方式发生了根本变化。产品制造模式转向创造知识密集和高科技含量的产品上来。随之而来的是生产方式的变化，由于柔性制造系统（FMS）的出现，原先那种大批量的标准化的刚性生产方式变成了小批量的柔性生产方式，这不仅缩短了从设计到生产的时间，更重要的是能迅速根据市场需求的变化进行生产或转产，可以灵活地、及时地满足市场上多样化、个性化的需求，最大限度地节约成本。

但是，知识经济对产业的影响远不止高科技工业和服务业，它给整个经济的产业结构和就业结构都带来了重大变化。产业结构的变化表现在第一、二、三产业的关系上。在知识经济中，以服务业为主的第三产业的重要性及其比重急剧上升。一些传统产业也加快了技术改造的步伐。

在知识经济背景下，产品的价值越来越取决于品牌或与产品有关的服务之类无形的要素。在新的经济运行模式下，经济参与者要想在竞争中取胜，就必须设法将知识这一新的生产要素与传统生产要素（劳动力、土地、资本）整合在一起，从而创造出新的复合型的价值。

这种知识与传统生产要素的整合使传统的产业边界变得模糊了，其中最为典型的例子就是制造企业纷纷承担起各种类型的服务业务，这就是制造业的服务化现象。

二、隐性知识在知识经济中的重要地位

知识创造理论认为，隐性和显性知识的相互作用和相互转化是整个创新过程的关键，而隐性知识更宝贵，更能创造价值，是构成企业核心竞争力的关键。增长方式要由劳动密集为主转向知识、技术密集为主，实现从价值链的低端环节向高端环节的攀升的必要性已为人们所熟知，然而隐性知识在转型中的重要作用却容易被忽略，以致转型知易行难。

知识可以从不同的途径对经济的方方面面产生影响，但对处于工业化进程中的发展中国家来说，由于面临产业的升级和转型，所以人们更加关心的是在经济结构发生变化的过程中知识所起的作用。一个基本逻辑是，经济是由各个产业组成的，而各个产业又是由企业这一经济运行的最小单位组成的，如果能够发现知识对企业的运营具有促进作用，那么就可以从本质上解释知识对经济的促进作用，并进一步探究知识在产业升级和转型过程中起到的作用。所以接下来，将从企业竞争力与知识两者之间的关系的探讨入手，试图揭示作为经济运行的细胞——企业是如何通过知识的获取来增强自身竞争力并实现价值的。

（一）隐性知识的作用

1. 隐性知识的提出及其重要性

英国科学家、哲学家迈克尔·波兰尼于1958年在其代表作《个人知识》中首次提出了"隐性知识"概念。他认为，人类的知识有两种，以书面文字、图表和数学公式加以表述的是一种类型的知识，而未被表述的知识，像我们在做某事的行动中所拥有的知识，是另一种知识。他把前者称为显性知识，而将后者称为隐性知识。波兰尼主要是从认知科学的角度来研究隐性知识。他认为，隐性知识本质上是一种理解力，是一种领会，他把握经验，重组经验，以实现理智的控制能力，在人类认识的各个层次上都起着主导性作用。他说，"我们所知道的要比我们所能言传的多"，这一日常生活和科学研究的基本事实，就表明了隐性知识的存在。从此，隐性知识论引起了许多学者的注意。

2. 隐性知识的含义、特征和分类层次

李作学、金福、姜秉权（2003）认为隐性知识具有如下特征：（1）隐性知识具有不可

言传性，难以表达、难以传播和沟通、难以共享等；（2）隐性知识是一种高度个人化的知识，与认知主体无法分离，有的学者称之有个体性或私有性；（3）隐性知识具有路径依赖性，隐性知识的产生依赖于个体的性格、经历、价值观和组织文化、环境；（4）隐性知识具有非逻辑性和非批判性，即很难对其用语言进行形式逻辑分析和批评、思考，只能意会，有的学者也称之为意会知识；（5）隐性知识具有即时性，波兰尼称其是"我们对正在做的某事所具有的知识"；（6）隐性知识的获得和使用具有无意识性，它是认知主体在实践活动中得到的附带知识，可以称之为"自动性"；（7）隐性知识具有模糊性，即隐性知识可以通过隐喻、模型、象征性语言等形式被演示、领悟或表达出来，因此野中郁次郎认为，"隐喻"是一种独特的领悟方法，德鲁克认为学习这种隐性知识的唯一方法是领悟和练习；（8）隐性知识具有预见能力和创造性，相对于显性知识来说更具有价值。

OECD 把人类拥有的知识分为四类：事实知识（know-what）、原理知识（know-why）、技能知识（know-how）、人力知识（know-who）。其中后两类知识被称为"隐性知识"。OECD 还强调了"隐性知识"对于经济发展尤其是对于知识经济时代的企业具有特别重要的意义。

中国学者汪应洛等认为隐性知识和显性知识的分类方法没有揭示出隐性知识与显性知识的边界，于是将隐性知识进一步划分为真隐性知识与伪隐性知识。所谓真隐性知识是指无法以某种语言进行调制完成转移的知识，真隐性知识只能通过联结学习的方式实现有限度的转移。伪隐性知识，是指有些知识可以用自然语言或其他通用的符号语言进行调制完成转移，但如果语言发展得不完善，调制效率或信息传递效率较低，往往可采用联结学习的方式获得这类知识。对于重要的伪隐性知识，人们往往通过花费大量成本改进语言以及信息传递效率使得转移成本下降，这个过程也被称为隐性知识的显性化。

（二）公司能力概述

价值链理论的一个重要研究课题就是企业能力来源问题。公司能力的概念，最早出现在塞尔米克的论述中，他认为，能够使一个组织比其他组织做得更好的特殊物质就是企业的能力或特殊能力。1990 年，普拉哈拉德和哈梅尔（C.K Pmhalad & Hamel）发表的《公司的核心竞争力》一文，标志着核心竞争力理论的正式提出。文中，他们认为核心竞争力是公司积累的学识，尤其是关于如何协调各种生产技术及融合各种技术的学识。此外，他们提出了一个非常形象的比喻，认为多角化的公司就是一棵树，树干和主枝是核心产品，小树枝是业务单元，树叶、花朵和果实是最终产品，提供养分、维系生命、稳固树身的根就是核心竞争力。核心竞争力不仅是技术流的融合，还在工作的组织过程和价值的传播过程中得到很好的体现。例如为了使产品微型化，索尼公司必须确保技术专家、工程师和市场营销员共同了解顾客的需求以及技术的潜在价值。可以说，核心竞争力显现于服务中，也体现于制造过程中。野中郁次郎指出，公司的核心能力指的是公司能（所具备的）够持续不断创造知识的能力。

（三）隐性知识对企业和产业的作用

隐性知识对企业竞争力，乃至一个国家的产业发展都具有重要作用。

首先，从企业层面看，知识是公司竞争优势的源头，不仅是因为公司内的知识尤其是一些隐性知识难以被竞争对手所模仿，而且还在于当前的知识存量所形成的知识结构决定了每一个公司可以有不同的发现未来的机会、配置资源的方法，公司现有的知识决定了公司内各种资源效能发挥的程度。公司是一个知识的集合体，公司的知识存量决定了公司配置资源和创新的能力，因此，知识，也只有知识，才是公司竞争优势的源泉。

隐性知识对于提高企业的应变能力和创新能力具有重大意义。在知识经济时代，企业面临激烈的市场竞争，作为新产品或新服务的市场先入者，可以提前获取更多的市场份额、垄断利润和更知名的品牌效应；而后入者，无论是在占据市场份额还是品牌上都落后于先入者。创新给企业带来的优势是显而易见的，是企业保持持续竞争优势的源泉。企业通过知识管理促进隐性知识的显性化，最大限度地提升企业的知识型员工在创新决策过程、研发过程、商业化生产过程、产品销售过程这四个阶段的创新能力，快速、有效地开发出市场需要的新产品和服务，从而增强企业的核心竞争力。

隐性知识对提高企业的创新和适应能力具有重要意义。新产品或新的服务可以帮助企业在激烈的市场竞争中取得先机。创新显然能够给企业带来竞争优势。企业通过对隐性知识的外化可以最大限度地提高企业在价值链各个环节的增值额，从而进一步加速企业竞争力的增长。

其次，从国家产业层面看，支持一个产业的核心技术的关键要素是其中的隐性知识。以18世纪英、法两国争夺钢铁制造业的技术领先地位为例。当时，英国在钢铁制造方面处于领先地位，为获取英国人的技术，法国用尽各种手段，甚至派出许多工业间谍窃取情报，但仍未获取英国钢铁工业的关键技术。原因在于，英国的技术工人拥有专门的隐性知识，如控制煤加入熔膛的速度和位置，并且根据煤块的质量变化进行调整，有时还要改变煤块的尺寸和等级等，这种判断力是不可能从书本上学到的。最终，法国通过引进技术工人，获得了钢铁制造诀窍，尽管英国法律禁止技术移民输出。当今世界上许多国家都试图拥有原子弹，尽管原子弹的工作原理众所周知，但它的制造依赖于许多关键的意会知识，因此并不是所有掌握核物理理论知识的国家都能发展核武器。对那些已经拥有核武器的国家，仍然必须每隔一段时间实施一次核试验，才能保持对核武器技术的掌握与完善。

（四）隐性知识在知识的获取和创造中的关键作用

德赛克指出，隐性知识难以用语言来解释，只能通过揣摩和实践来掌握概括起来，隐性知识可以通过以下途径来获取：

①试错法。即通过亲身参与实践来获取隐性知识。

②与专家一起工作。这是典型的"师父带徒弟"的古老而又非常有效的方法。通过观察专家的工作过程，分享专家的经验，可以慢慢获得专家的技术诀窍、心智模式和逼近问

题的方法。

③通过网络和工作小组交流隐性知识。在企业中，人们常常根据兴趣爱好自发地形成一些非正式的组织，在组织内通过讨论事件、沟通观点、分享经验、共享知识来促成隐性知识的获取。

④形成广泛而又深厚的企业隐性知识。在企业工作的每个个体都对如何协调工作有一种隐性的、全面的理解，这种长期合作所形成的默契与协调正是企业知识创新的重要环境与土壤。

⑤促进隐性知识向显性知识转化。在快速变化的社会环境中，为了有效地形成隐性知识的积累与共享，企业还可以利用信息技术建立网络平台和使用知识管理软件，让企业成员实时共享彼此之间的成果与经验，从而形成个体隐性知识——集体显性知识，一个隐性知识的良性循环。

野中郁次郎在波拉尼的研究基础上提出了组织中知识发展的 SECI 知识螺旋模型，指出知识是通过社会化、外部化、整合化以及内部化四个过程在企业内部螺旋状发展的。社会化过程是隐性知识到隐性知识的转化过程，是个体之间分享经验的过程；外部化过程是挖掘隐性知识并将其发展为显性知识的过程；整合化过程是将显性知识发展为更复杂的显性知识的过程；内部化是将显性知识转化为组织的隐性知识的过程。

在 SECI 模型中，知识的创造及扩散是经由隐性与显性知识互动来获得的。知识的创造由个人层次逐渐扩散至团体、组织，最后直至组织外，过程中不断有共享化、外显化、系统化和内隐化的知识整合活动。

组织知识创造过程包含五个阶段：第一阶段，不同的个体之间通过分享隐性知识，为知识的传递奠定基础；第二阶段，通过小范围内的持续交流，知识将表达得更为明确；第三阶段，个人或小组所创造出的新观念必须通过价值评估和过滤，以证明其适当性；第四阶段，人们把已经确认的观念转化为较为具体的模型；第五阶段，知识创造在建立原型后并没有结束，新的观念经过创造、确认及模型化后会继续进行，而在其他的层次上发展成知识创造的新循环。在跨层次知识扩展的互动及螺旋式上升的过程中，知识的扩展会发生于组织内部以及组织之间。

三、隐性知识是制造业服务化形成的内因

知识经济时代，对知识要素的获取，以及将知识要素和传统要素整合在一起的能力变得更加重要。在知识要素中，隐性知识的获取和转化又格外重要。知识要素在投入要素中变得日益重要正是制造业服务化的重要特征。因此，可以说，隐性知识从投入的层面促进了制造业服务化的形成。

接下来将说明，隐性知识与传统要素的互动情况，以及企业如何通过这种互动最终获得价值。以松下公司开发自动面包机技术为例。1985 年，日本大阪的松下公司的产品开

发人员正在努力研制一种新的家用面包机，但是他们在使机器正确地揉制生面团时遇到了麻烦。尽管做了很大的努力，但是面包的表面被制作得很充分而里面却根本没有动。最后，软件设计者田中郁子提出了一个创造性建议：大阪国际饭店以制作大阪最好的面包而出名，为什么不以它作为榜样呢？田中前往国际饭店向首席面包师学习揉制技术，在揉面的过程中，她发现面包师有一定的揉面方法，但是很难向别人表达清楚。经过一年的试验，在与项目工程师的合作下，田中提出了详细的产品说明书，把隐性知识显性化，成功地复制了面包师的揉制技术，成功地进行了技术创新。

在这个案例中，生产面包机所需的资本和原材料等传统要素都是已经具备的，甚至普通机械设备的工作原理这类显性知识要素也已经具备了。但成功制造出面包机的关键要素是揉面的诀窍这一隐性知识，它存在于厨师的头脑中，很难通过简单的方法加以描述，也很难用已有的机械设计方法来加以模拟。为了获取隐性知识，首先要求设计人员已经具备了相关的产品设计理论等显性知识，然后还要通过向师傅学习揉面技术这种亲身实践活动，再经过思考才能将相关经验总结在说明书中。接着企业再将已经总结出来的知识和已经具备的资本、原材料等生产要素结合在一起，生产出面包机成品。从知识创造的角度看，这是一个典型的隐性知识向显性知识转化的过程。从价值链角度看，面团揉制技术的模拟设计成为产品增值的关键环节。从先进制造业的发展趋势上看，随着市场对柔性制造、小批量制造等制造方式的需求日益增加，制造企业内部的设计、研发等服务性环节将变得越来越重要，而这类设计、研发取得成功的关键是对隐性知识的获取，以及将知识要素与传统要素加以整合的能力。

从上面的案例也可以看出，隐性知识在知识创造过程中起着决定性的作用，可以说能否获取企业所需的隐性知识并将其应用到产品的生产中是企业在竞争中能否胜出的关键。隐性知识难以表达、难以传播和沟通、难以共享，只有通过亲身实践，通过长期揣摩和反复练习来掌握，因而隐性知识才是保持长期竞争优势的关键。可以说隐性知识的积累是企业核心竞争优势的来源。而制造过程正是不断实践，不断积累经验的过程，是获取隐性知识的重要途径。因此获取隐性知识是促使制造业服务化的内在动因。为了保持竞争的优势地位，关键的研发、设计环节必须控制在企业内部，而无法外包，这也是制造业服务化的原因之一。

第三节　制造业服务化的成因之二——价值链延伸

一、价值链理论

价值链理论在分析产业调整与重构过程方面存在一定的局限性。最初的价值链理论仅说明了价值在各个生产流通环节的分布状态，尽管后来的价值链理论逐渐将研究重心放在跨国公司主导的全球价值链中不同国家间产业的动态变化，也指出了发展中国家产业升级中存在的障碍，如韩国大宇在多年发展 OBM（自主品牌制造）后又返回到 OEM（贴牌生产）。米泰（Mitae）电脑公司在台湾市场上的自有品牌销售占其台湾总销售的比例由 1990 年的 70% 降到 1993 年的 40%。对于发展中国家来说，更需要解决的是如何改变现有的由发达国家主导价值分配的问题。现有理论无法说明一个嵌入全球生产体系中的产业如何向价值链两端延伸的具体路径。或者说，价值链理论侧重于对经济全球化过程中，发展中国家和发达国家之间的竞争与合作关系的分析，但该理论并没有指出发展中国家在现行国际分工体制下，应如何利用外部机遇积累自身实力，实现产业升级的演化机理，并对不同升级路径进行效果评估。

二、知识价值链与企业价值链的关系

知识价值链的定义： 沙力文（2000）提出在智力资本环境中，智力资本价值链指的是一系列创新与价值实现的时刻之间的间隔所必需的活动。陈永龙（Yong-Long Chen）等（2004）认为知识价值链（Knowledge-Value Chain）是一个包含知识输入端、知识活动面、价值输出端的整合式模型。其核心精神是指知识以多元管道汇集，并收敛至单一窗口进入企业组织的知识库中，透过以知识螺旋为核心的四种知识增值活动运作后，再以发散式的多元价值（目标）贡献式输出。

克拉克·尤斯塔斯（Clark Eustace）提出了一个新的有关知识价值链的观点。克拉克·尤斯塔斯认为如今公司的竞争优势已从有形因素转向无形因素，即从如今被称为商品的自然资源、机器和财务资本转向非价格竞争因素。克拉克·尤斯塔斯认为波特的价值链模型着重于物质供应链和实体的流动过程中的价值创造过程。波特的价值系统跟踪从最初的生产者到最终的消费者的产品流动。克拉克·尤斯塔斯的价值系统提供了一个跟踪现代企业中知识的流动过程。像波特的价值系统一样，克拉克·尤斯塔斯的知识价值链模型的起点是在当今高竞争性的市场环境下，企业只有拥有独特的，或至少是难以复制的能力才能在市场上生存。

潜在能力代表的是组织的未来竞争优势主要来源包括领导、劳动力素质、市场 / 声誉等。这些提供了一个组织对未知的市场威胁和机会做出反应的能力的领先指标。

无形竞争力指的是或多或少能被识别的能力，是非价格竞争的关键因素。重要的无形竞争力支撑着组织的商业价值链。克拉克·尤斯塔斯将无形竞争力分为独特竞争力、核心竞争力和运作竞争力。独特竞争力是难以复制或高成本复制的导致企业差异化的关键因素；核心竞争力指的是在市场上展开竞争的必要条件；运作竞争力指的是企业的日常经营活动。

右边给出的是物权明晰的资产，或至少从原则上讲，其所有权是有定论的，且能按照公开的市场定价，或按未来的现金流进行估价。无形商品由原材料供应合同和知识产权两大块组成。有形资产由实物资产和财务资产所组成。

从以上几位学者的研究可以看出，虽然研究的视角不同，但学者们一致认为，组织内部或组织之间的知识运动过程可以用链状结构来描述，这种知识链起源于知识的获取，并最终体现为对组织有价值的具体的知识，所以这一过程可以被称为知识价值链。由于知识价值链输出的是企业价值链各个价值增值环节所需要的具体知识，所以知识价值链对价值链具有支撑作用。

三、制造业的价值链延伸战略

根据价值链理论的观点，企业或产业的升级可以分为四种类型，分别是工艺升级（process upgrading）、产品升级（product upgrading）、功能升级（functional upgrading）和链条升级（chain upgrading）。工艺升级表现为产品制造工艺的改进；产品升级表现为制造出附加值更高的产品；功能升级指的是企业或产业向价值链两端延伸，如从加工制造延伸到自主设计、营销等；链条升级是指从一个领域延伸到新的领域。BairJ. 和 Gereffi 等人在文章中指出，嵌入半层级型价值链的企业或产业较容易获得功能升级和产品升级，但在功能升级上存在障碍，尤其是在向营销和品牌方面发展时更为明显。现在摆在发展中国家面前的问题是，已经意识到现有的分工模式是不利于国家的长远发展的，但又不知如何实现产业转型和升级。价值链理论并没有指明发展中国家应该怎样克服已经存在的障碍，实现向价值链两端的产业延伸。

企业要想实现向价值链两端的延伸，除了要具备资金、设备等传统生产要素之外，更需要具备支持高端价值链环节的知识。更进一步说，除了要有专利、管理制度、操作手册、图纸等显性知识的储备外，还要有技术诀窍、经验、惯例、思维模式等隐性知识的储备，而且根据第一节的分析可知，隐性知识的积累比显性知识更重要。反过来说，如果缺乏相应的知识积累，企业或行业将很难实现升级或转型，仅靠购买专利这类显性知识仍然无法顺利实现升级。

从制造业服务化模式中的服务要素的特征来看，其本身就是知识密集型的，更重要的是与纯粹的独立的商业服务不同，制造服务除了上述显性知识外，与技术诀窍、经验、惯例、思维模式等隐性知识的关系更为密切，与制造企业的生产过程更为密切，因此通过实施制造业服务化，将能够有助于企业更好地实现知识管理，促进隐性知识和企业竞争力的积累。随着企业知识价值链上各类知识的积累，知识价值链将为企业的增值活动提供有力地支持，从而促使企业实现向价值链两端延伸。

第四节　制造业服务化的成因之三——收益驱动

一、价值链的分段化与服务活动的关系

前文对制造业服务化的成因分析告诉我们，由于知识经济下知识要素尤其是其中的隐性知识对价值链的各个环节都起到了重要作用，那些知识密集的价值环节所带来的附加值比其他环节要高得多。因此，在知识经济条件下价值链的关键增值环节普遍具有知识密集的特征，而这些知识密集的环节在实践中又是通过各种服务活动来体现的。

仅了解关键增值环节的成因是不够的。在价值链日益分段化，产品内国际分工日益深入的条件下，价值链上的产业要获得可持续性地发展，必须使整个链上各个环节都保持高效合作，使分布于产业链各个环节的产业群体都获得收益增长。服务除了促进核心增值环节收益增加外，还能有效地把各个价值链环节有机联系起来，使价值链顺畅运作。

二、服务活动对制造业收益的促进作用

总的来说，服务活动对制造业收益的促进作用表现在两个方面：一是关键增值环节日益体现为服务要素密集的特征；二是价值链各环节间的服务连接。

罗纳德·W. 约翰斯（Ronald W.Johns）和亨里克·凯尔茨科夫斯基（Henryk Kierzkowski）的生产分离论中引入了服务连接（Service links）这个概念。根据他们的观点，尽管价值链的分段化在工业革命之初就早已开始，但是只有在技术高度发达的条件下，价值链环节跨越国界在国际的分布这种新的国际分工样式才能出现。

投入要素经过若干生产工序后变成最终的产出，全部生产活动都集中在同一个地理空间完成。尽管传统生产过程也需要协调各种生产活动，但地理空间的集中性特征使协调成本得以降低。

随着生产空间的分离，各个生产工序间的服务连接作用显得越来越重要。从全球价值链的角度看，这种顺畅的服务连接是整个价值链得以成功运作的保证。

根据罗纳德·W. 约翰斯和亨里克·凯尔茨科夫斯基的理论，对服务要素的有效利用是生产分离的主要动力。在工业化的早期，由于服务领域的投资壁垒和信息传递手段的缺乏，生产分离现象主要集中于同一地域，服务要素也主要集中于同一地域。经济全球化条件下，技术创新和服务贸易及服务投资的发展，以及相关政策放松使得各个生产工序间的连接服务供给增加，成本降低。和传统的资本、劳动要素不同，服务要素带来的收益更高，因而成为价值链各环节的跨国界分离的重要推动力，也成为制造业服务化的驱动力量。

三、服务要素的范围经济特性及其表现

（一）服务要素投入的范围经济

从导致收益增加的根源来看，制造业增加服务要素的使用带来的是范围经济（Economies of Scope）。根据潘扎尔（Panzar）和威利格的定义，企业在同时生产不同产品时，如果联合使用生产要素所耗费的成本比分别生产这些产品所耗费的成本更低，就存在范围经济。由于知识成果具有非排他性的特征，而且服务的边际成本、知识密集的服务要素具有范围经济的特征。这是服务化制造业与传统制造业在投入产出关系上的最大区别。

（二）范围经济的表现

举例来说，随着柔性制造、小批量制造模式的发展，业界对形状复杂、结构精密、批量小、要求多变的零件需求逐渐增加，如果用传统机床加工需要购置不同的设备，而且效率较低。同样的工作只需一台数控机床就可以实现，通过输入不同的计算机程序，就可以生产出各种规格的零件，而且生产效率比传统方式有大幅提高。可以看到这种生产方式中，最为关键的环境是计算机程序的编写过程，而这个过程需要大量知识密集型服务要素的投入。

第五节　制造业服务化的成因之四——外部环境因素

一、价值链各环节对环境的影响

制造企业的生产经营不仅要考虑各个投入要素的成本，还要考虑各种外部环境对企业经营造成的影响。在经济全球化背景下，外部影响因素变得更为复杂，除了一国内部的影响因素外，国际政治、经济和社会因素都会对制造企业产生影响。当前，在众多影响企业经营的外部环境因素中，最为重要的要数环保问题和企业社会责任问题了。本节将借助价值链理论，把这些影响因素分解为价值链相关环节的成本问题，进而探讨外部环境成本的升高对制造业服务化的影响。

产品价值链的各个环节，从设计、制造和销售（包括产品的使用和维护），直到产品报废处理的整个过程，都会产生各种成本支出。

在传统销售模式下，制成品的价值链各个环节产生的环境成本的承担者有三类；在产品被销售出去之前，制造企业承担了所有成本；品牌营销的成本由中间商承担；产品使用和维护的成本由用户承担；产品报废后对其处理所造成的环境成本由整个社会承担。

在这种销售模式中，制造企业是通过销售有形的产品来获取利润的。在不断增加产品

销售数量的同时尽可能地降低生产成本，成为制造企业的生存依据和终极追求。根据利润最大化、成本最小化的经济法则，制造企业将很少考虑产品出厂后的环境成本，更不会考虑产品报废后的环境成本。另一方面，在传统的生产流通模式下，制成品报废处理的环境成本不是由制造商、中间商或用户直接承担，而是由整个人类社会来承担。因此，中间商和用户由于不需要考虑产品报废处理的环境成本，因此将仅从产品的适用性本身角度去评估产品的价值。如果市场上出现了功能更强大、性能更好的产品，那么中间商将不遗余力地通过各种营销策略去推销该产品。而最终用户为了避免落后于同行，也会尽早淘汰旧设备而更换新设备。这样一来，一方面制造企业不断地鼓励用户更新设备，另一方面用户也有动力这么做，产品更新换代的速度越来越快，设备的折旧速度越来越快，信息通信技术的发展更进一步加快了这个过程。整个产品的设计、生产、流通、消费链条的一端需要源源不断的自然资源的输入，另一端则源源不断地输出仍旧能够使用，只是功能或技术已经落后的工业垃圾。这势必导致经济发展受到资源短缺和环境污染的双重制约，资源环境承载能力不断下降。

显然，传统销售模式资源消耗大，不利于环保，因而是不可持续的。那么该如何解决资源短缺和环境污染对经济发展的双重约束呢？

制造业服务化模式下，用户消费的是以产品为载体的服务或是以产品为平台的整体解决方案，服务成为构成产品—服务包的主要部分，而制造企业由于要向用户提供长期的培训、维修等服务因而和用户一起承担相应的环境成本。在产品的报废处理阶段，由于环保标准的实施和环保观念的深入人心，制造商成为处理产品的环境成本的主要承担者。与此同时，由于制造商的利润来源不再局限于产品本身，而更多地来自售后服务环节，产品能够运行的时间越长，制造商就可以提供越多的服务。因此制造企业有动力设计更加耐用的产品。由于制造商需要承担产品的回收成本，因此，在设计新产品之初，制造商就会考虑到降低产品的回收成本，用更加环保的或可回收利用的原材料制造产品。这样我们就可以在一定程度上解决经济发展受资源短期和环境污染的双约束问题。

二、传统销售模式向制造业服务化转型的条件

从上面的分析我们看到，虽然制造业服务化模式下消耗的资源比传统销售模式也相对较少，对环境的破坏要小，可以说是环境友好型的经济模式。但传统的制造企业向制造业服务化转型并不是一帆风顺的，需要满足一定的条件。虽然制造业服务化具有改善环境的潜在好处，但是常识告诉我们，如果一项好处的受益人或一项损害的承受者是整个社会的话，那么对于每个个体来说是没有动力去追逐这种好处或消除这种害处的。正如人们虽然已经认识到全球变暖将危害整个人类赖以生存的环境，并且日益频发的极端天气事件已经对人类社会造成严重的影响，但是哥本哈根全球气候峰会仍然未能达成令各方满意的约束性公约。从经济学的角度看，一定要设法将环境恶化的成本分解到每一个利益相关主体，

使利益相关者能够从改善环境的活动中获得经济利益，这样才能使问题得到切实解决。

在传统的销售模式下，制造商对产品的责任在产品销售出去后就终止了，而用户对产品的责任在产品失去使用价值时就终止了。这样，整个社会便承担了产品报废、污染以及资源不断消耗带来的环境污染成本。而在制造业服务化模式下，对环境的污染成本由消费者和制造者共同承担。在这种情况下，制造商对产品的责任从销售扩展到了产品的维修、处置阶段，因而制造商有动力通过改进设计、使用耐用原材料等增加产品的耐用性、可靠性、可回收性和再造翻新性，从而降低产品维修、产品处置而付出的环境污染成本。

根据上面的分析，通过强化环境保护成本来使传统制造业向制造业服务化需要满足三个条件：一是由制造商来承担产品使用和报废处理造成的环保成本；二是报废产品仍然具有经济价值；三是有形产品转变为成本负担而不是利润来源。

（一）由制造商来承担产品使用和报废处理造成的环保成本

制造商向最终用户提供的某些服务内容可能意味着承担相应的产品维修和报废处理带来的环保成本。那么制造商将有动力采取措施降低相关环境成本，以便提高自己产品的竞争力。例如某成套设备制造商可以将其生产的设备租赁给用户，并按租期长短收取租金，租金包括了设备的维修费用。这样一来，由于设备的维护和修理成本由制造商承担，那么制造商就有动力制造出更耐用、更易维修的设备。随着产品变得更加耐用、更加环保，最终用户对制造商提供的租赁服务的接受度将提高，从而逐渐改变制造商的销售模式，促使其逐渐转化为一个产品和服务提供商。在这种情况下，需要注意的是制造商承担的维修保养费用仅仅是资源消耗和环境污染等环保成本中的一部分，而不是全部环保成本。通过降低产品对环境的影响来改善环境的做法的效果，取决于这些产品维护和处理成本占整个环境成本的大小，也取决于这些成本能否很容易地转嫁给用户。

（二）报废产品仍然具有经济价值

服务化活动的产生还可能是因为已经报废的产品仍然具有某种经济价值。以汽车发动机再造为例，每台再造后的发动机都通过极严格的检测，无论是寿命还是性能，再造发动机都可以与新发动机媲美。价格上，再造发动机的价格只是新发动机的 55% 左右。对环境上，再造发动机减少了报废旧发动机所造成的环境污染，而且可以使原机 85% 的价值得到循环应用，大大节省宝贵的能源，也减少了发动机制造过程的环境污染。而像这种再造活动一般属于汽车维修服务的业务领域。如果制造企业为了获取回收、再造、再使用报废产品的利益而将业务延伸到产品回收等服务领域，那么也是制造业服务化的一种表现。同样，这种制造业服务化的内部驱动力也是因环保因素产生的。

（三）有形产品转变为成本负担而不是利润来源

当有形产品成为成本负担而不是利润来源时，产品制造商将尽量通过提供服务来获取收益，并尽量使每单位服务所使用的各种资源尽可能少。这一方面促进了传统制造商向服务提供商的转化，一方面也减少了资源的消耗和环境污染。最典型的例子是化学品处理的成本问题。莱斯基等通过对化学品管理服务的研究指出，企业每花 1 美元购买化学品，就需要花 6 美元对化学品进行管理和处置。在传统的销售模式中，化学产品的生产商通过销售数量获取利润，销售的化学品数量越多企业利润越大，与此同时对自然造成的损害也越大。如果规定化学品生产商承担化学品管理的全部责任，包括采购、运输、仓储直至最终处置。考虑到化学品管理和处置的高成本（6 美元成本远大于 1 美元收益），制造商就会和用户一起积极寻求在满足用户需求的前提下尽量减少化学品使用量的方案。如果这种化学品管理方案成为制造商的主要利润来源，这样，制造商就变成了一个服务型的制造商。

当前，虽然人们已经意识到了环境保护问题的严重性，并开始寻求解决之道，但还没有完美的解决方案。2009 年年底哥本哈根气候峰会在失望气氛中落幕，也说明了各国在解决全球变暖问题上仍然存在较大的分歧。为了在保证经济增长的同时，进一步减少自然资源的消耗，在减少污染环境的同时，进一步满足工业和消费者日益增长的需求，制造业承担的成本从有形产品制造延伸到价值链的各个环节。而对环保投入也是有利可图的，因此制造业服务化便应运而生了。

制造业服务化成因主要有四个：知识经济、价值链延伸、收益驱动和外部环境因素。

第一节讨论了知识经济因素。说明在知识经济时代，价值链的核心增值环节逐渐从以有形产品为中心转变为以无形服务为中心。知识分为显性知识和隐性知识，显性知识可以通过市场交易来获取，也可以通过外包的方式把业务流程中次要的知识创造环节外包出去，反映在制造与服务业之间的关系上就是生产者服务业的发展。

对于隐性知识，由于难以直接获取、难以交流和保存的特性，使得人们很难通过市场交易来获得，但对制造业的竞争力和价值增值能力最为重要的因素是隐性知识。隐性知识已经成为制造业价值链上核心增值环节的决定因素。但是和显性知识相比，隐性知识的获取是比较困难的。因为隐性知识具有不可言传性，难以表达、难以传播和沟通、难以共享等特征，只能通过实践来获得，而无法通过高额资本投入从组织外部购买（如购买专利、技术引进等），所以只能通过制造企业在长期的生产实践中慢慢积累，也就是人们常说的"自主创新"。

第二节讨论了价值链延伸问题。在知识经济时代，制造业要想向价值链两端延伸，就要设法获取对价值链关键增值环节的主导权。也就是要积累和掌握大量有关的隐性知识，并将这些知识转化为生产环节和最终产品上的创新。也就是说，由于知识经济对价值链的影响，形成了倒逼机制：要实现价值链延伸就必须进行知识创新，要进行知识创新就必须进行知识积累尤其是隐性知识的积累，要进行隐性知识的积累就必须借助制造业服务化。

第三节讨论了收益因素。产品内分工的不断发展，使得全球生产体系日益分解成若干生产工序和联系这些生产工序的中间服务。通过一个简单的成本与产出的比较模型，可以看到服务活动和传统的资本、劳动要素相比范围经济特征更明显，带来的收益也更高，因而成为价值链各环节的跨国界分离的重要推动力，也成为制造业服务化的驱动力量。

第四节讨论了环境因素。随着环境问题的恶化和人们环保意识的增强，制造业面临的压力也日益增大。直接表现在制造业的成本负担从生产环节扩展到整个价值链上。随着制造业环保责任的日益增大，有形产品日益成为成本压力而不是利润来源，因此增加服务投入和服务供给替代资源投入和有形产品成为必然趋势。

第四章 制造业服务化的演化机理

在研究制造业的演化问题时，人们最为关心的问题是制造业服务化究竟是偶然发生的个案，还是预示着制造业发展方向的星星之火？如果是后者，那么制造业服务化是否将成为制造业的最终发展形态？现在仍然占市场大多数的传统制造行业又将与服务化制造行业怎样互动？其未来又将何去何从呢？这里并不打算提出系统而全面的答案，而是希望能给出一个解答上述问题的思维框架。在具体分析时将主要分成两个步骤：首先探讨制造业服务化现象是怎样产生的；其次探讨这种产业发展模式是否具有可持续性。

第一节 制造业发展演化的理论分析

一、制造业发展的三种路径

根据前文价值链理论的分析，知识密集的服务要素的投入对价值增值的作用日益显著。那么从生产要素的投入角度看，制造业的演化路径可以根据所使用的服务要素的多寡来加以区分。从逻辑可能性上推演，制造业的发展至少存在如下所示的三种方向。

第一种情况，如果这种状态只不过是昙花一现，是一种特例，随着制造业投入的有形要素的增加，服务要素逐渐减少，制造业将呈现以制造业务为核心的模式。但是无论从目前的产业层面的统计数据来看，还是从世界制造业的代表性跨国企业来看，都不支持这一推测。因此这一发展路径仅仅是逻辑推演中的可能性。

第二种情况，如果制造业和服务业企业都纷纷开展多元化的业务，不断增加各种要素投入，导致两类行业的最终产出越来越类似，既包括无形服务又包括有形产品，这就是产业融合。但从目前的统计数据上看，产业融合的现象在高科技行业比较多见，而且往往对信息技术的依赖度比较高。因此这条路径更加适合描述制造业中一部分行业的发展。

第三种情况，如果服务要素投入能为制造企业带来较高的收益，那么随着服务要素的逐渐增加，制造企业将逐渐从以提供产品为中心转为以提供服务为中心。那么制造企业的产出将呈现五个演进阶段："有形商品—带有服务的有形商品—混合品—带有少许商品的服务—纯服务"。随着制造企业的产出成为"纯服务"，制造企业也就转变成了服务企业，相应的制造业也就转变成了服务业。当然这也是一种比较极端的情况。但是从目前制造业的发展来看，无论从产业层面还是企业层面，的确可以发现服务要素的投入在逐渐增加，并创造了较高的收益。

二、价值链模型与制造业演化路径

既然制造业的发展可以有三种逻辑可能，那么究竟是什么原因导致制造业向服务化的发展演化呢？其内在动力机制究竟是怎样的呢？可以通过构建价值链模型，并借助对该模型的分析，来解释制造业演化的动力机制。

波特提出的价值链理论得到了学术界的广泛认同，成为分析企业竞争优势的重要方法。而价值链理论为分析世界生产体系下的产业分工、世界产业转移与产业升级等问题提供了有力的支持。但美中不足的是，该理论以定性分析为主，定量分析较少，这使人们无法在更高的水平上分析产业发展问题。董焕忠和方淑芬认为，"价值链本质上是一个投入产出活动"，价值链的价值产出是由投入决定的，而且价值链各个环节的价值产出分别由各自的投入所决定。根据这一基本思想，他们构造了"类生产函数价值链"模型，并借助某家电制造企业的资金投入预算表数据对模型进行了实证检验，发现对家电企业而言，经营销售环节的投入对产出影响最大，是这类企业的核心竞争力的主要来源。但该模型的要素投入主要是资本和劳动，并没有把服务考虑在内。

王树祥和唐琼沅认为，波特价值链没有很好地反映无形的知识和技术为企业带来的价值。企业的价值创造过程包括两个维度的价值链：一个是由各种知识组成的知识价值链；另一个是由各个业务环节构成的实体价值链。知识价值链通过企业价值链起作用。在企业的业务环节基本保持不变的情况下，知识密集的服务投入将明显促进企业的价值创造，使产出大幅增加，甚至是成倍增加。他们认为知识对价值增值具有乘数效应，并构造了包含无形价值部分和有形价值部分企业价值链综合模型。

在上述学者的研究启发下，联想到本研究在前文中所做的分析，可以推论，制造业服务化的内在原因是知识对经济增长起着重要作用，而这种作用通过价值链上知识密集的服务要素对产出的增值作用体现出来，王树祥和唐琼沅（2006）所说的无形价值链也就是本研究中所说的知识价值链，最终表现为制造业的收益增加，服务还能够降低资源消耗和减少排污成本，这又进一步促进了收益增加。

三、企业层面的实证分析

（一）设备制造商的例子

某企业生产电梯用的控制主板。该控制主板包括硬件和程序两大部分，硬件部分的原料投入、加工制造、资金和劳动力投入、管理成本等合计为 1500 元人民币。程序编写完成后就可以重复使用，复制成本接近于 0。该企业技术部门在 1998 年通过技术攻关，研发出了新一代控制技术，广受市场好评，应用领域较为广泛。从市场数据看，同类主板如果是作为电梯成品的一部分被封装在建筑机械控制设备中时，折合总价值 V=4500 元人民币，如果封装在电梯控制设备中时 V=6000 元，如果封装在港口机械中 V=10000 元。

据此计算三种情况相对应的技术服务的乘数 S 分别为 3.33、4、6.66，平均值为 S=4.66。考虑到三种应用环境下，控制主板的生产过程完全相同，工艺、管理、原料等都没有改变，而仅仅因为技术升级就使售价产生如此大的差异，足可看出服务对制造企业的价值增值的重大作用。

更进一步思考，如果上例中的企业是一个仅有加工组装能力的制造商，那么其全部有形价值链创造的价值就只有微薄的 1500 元人民币。由技术创新、销售等环节创造的更高的价值 3000—8500 元的部分，即市场售价分别减去 1500 元的部分完全由综合价值链的主导厂商占有。这一结果对于分析制造行业的发展演化也提供了很好的启示。

（二）通用电气的例子

1980 年，通用电气（GE）收入的 85% 来自制造业，只有 15% 来自服务业，且以售后服务为主。20 世纪 90 年代，GE 的金融业务得到了强劲的发展，公司逐渐从一个以制造业主导的经济体转变为以服务业为主体的经济体。2003 年，GE 金融业务销售收入达到了 642.79 亿美元，占集团总收入的 45%。利润额为 74.15 亿美元，占集团总利润的 1/3 强。

GE 的金融业务涉及抵押贷款、个人信用卡、设备租赁和房地产等众多领域。2008 年金融危机给 GE 的消费信贷和住宅抵押贷款业务造成了沉重打击。公司股价从最高 38 美元每股跌至 2009 年 3 月初 5.87 美元每股。为了应对危机，GE 实施了一系列业务重组。一方面大幅度缩小了住宅抵押贷款业务，下一步还准备将资产总额达 900 亿美元的抵押贷款业务剥离并出售；另一方面加大对 GE 航空、医疗、交通和能源等领域的中间市场客户的贷款支持，2009 年全年计划对这类客户发放 1800 亿美元的新贷款。调整后的 GE 金融业务利润额预计将占到集团利润总额的 30% 左右。

除金融服务外，GE 还推出了"绿色创想"的概念，即通过技术创新服务帮助客户节约成本，创造就业岗位。这一服务的效果是非常显著的，GE 与绿色创想服务有关的产品收入从 2005 年的 50 亿美元增加到 2009 年的 180 亿美元。

GE 公司金融业务在金融危机前后的扩张与收缩过程很好地说明了知识价值链对实体价值链的支持作用。在制造领域长期的经验积累使 GE 拥有了丰富的隐性知识和显性知识储备，GE 公司的优势在于与制造业务密切相关的大型设备租赁服务和技术服务，因此 GE 将战略重点放在这些环节，就能使企业保持竞争优势，不断创造价值。但是在普通消费信贷和住宅抵押贷款领域，GE 虽然拥有较为雄厚的资金实力，但并不比银行或非银行金融机构拥有更多的知识积累，因而在这些领域没有竞争优势，因此，在金融危机来临时，就会和所有金融机构一样遭受重创。GE 的案例提醒我们，服务化并不意味着盲目扩大服务业务的比重，而是一定要围绕企业自身的竞争优势有重点地进行，取舍的关键原则在于看企业是否掌握提供相关服务所需要的知识。

四、行业层面的实证分析

（一）服务要素对制造业的影响日益增加

知识经济时代，制造业价值链的各个环节日益依赖于知识价值链的支持。从价值链的角度看，制造业外包服务和制造业服务化现象的最大区别就在于，外包出去的业务对于价值链的主导者来说属于非核心环节，而实施服务化的业务环节必定是价值链上的关键环节，有较高的增值能力，对行业发展有决定意义。

以飞机发动机制造行业为例，服务在飞机发动机行业无处不在，从发动机的设计开始，制造商就必须考虑用户的使用习惯和使用环境。销售时，服务合同是销售合同的一个必要组成部分。产品售出后，制造商必须承担维护、修理和大修服务，还有备件供应、人员培训和技术资料的提供。通过提供全生命周期的服务，制造商的收益也获得了可观的增长。法国直升机制造商透博梅卡公司的服务业务占到销售总额的60%左右，服务业务的年增长率甚至大于10%。

与此相反，同为直升机发动机制造商的美国艾利逊公司在20世纪90年代初做出了一个生死攸关的战略决定，将公司的服务业务外包给其他公司。失去了核心竞争力的艾利逊从此一蹶不振，最后只得申请破产保护，并被罗尔斯—罗伊斯公司（Rolls-RoyceLtd.）收购。后者在收购了艾利逊公司之后立即缩减了服务外包份额，增建了服务维护中心。据罗尔斯-罗伊斯公司公布的数字，公司2008年的年销售收入共计91亿英镑，其中服务业务收入就占到总销售额的52%。

（二）制造业服务化产生的相关理论解释

1. 迂回生产对制造业产生的解释

亚当·斯密在《国富论》中指出，分工能够提高劳动生产率。1889年奥地利经济学家庞巴维克在斯密的分工理论基础上，首次提出了迂回生产（roundabout of production）的概念，庞巴维克用迂回生产来说明资本的物质生产力。根据迂回生产理论，和直接生产最终产品相比，先制造工具和资本品，再用工具和资本品生产最终产品。这种迂回的生产方式体现了分工的深化。因此迂回生产理论解释了资本密集、技术密集的制造业产生的必要性。

杨格指出，"经济发展过程就是在初始生产要素和最终消费者之间插入越来越多的生产工具、中间产品、知识的专业化生产部门，使分工变得越来越细"。他还指出，"随着社会劳动分工扩大，原先的产业分裂成更专业化的生产部门，新的产业在不断产生，这是产业结构演变的基本力量"。

2. 迂回生产对制造业服务化产生的解释

从演化的观点看，产业发展的过程就是其产品复杂度不断增加的过程。从产品复杂度的构成看，除了传统的资本要素和技术要素外，还包括服务要素，因此，产品复杂的提高过程也就是增加服务要素比重的过程。

服务要素的增加不像资本的增加，可以通过简单增加投入来解决。制造业中服务要素的积累更多是要依靠知识和创新。这一过程也可以用迂回生产理论来解释。在知识经济时代，价值链上各个环节通过与服务要素的结合，其复杂度得到了前所未有地提高，并且随着价值链在全球范围内分段化布局。当今国际分工的迂回程度正在不断扩大。从产业结构的演化来看，制造业服务化产生的根本动力，是知识经济下分工的进一步深化。随着服务要素的大量使用，制造业生产迂回度大大增加，制造业服务化从零星个案开始，逐渐在制造业高度发达的高收入国家推广开来。

第二节　演化模型的构建

一、分析思路

本节考察服务化制造业与传统制造业的互动关系。首先介绍一下相关的分析方法。

（一）均衡分析方法

经济学中较为常用的均衡分析方法认为，经济系统存在着维持均衡的力量（或者说是"看不见的手"），经济系统受到冲击而发生不平衡之后，随着冲击的消失，系统将重新恢复均衡状态。这其实暗含着经济过程是可逆的假设的意味，也就是说人们可以忽略时间因素来认识经济过程。实际上经济过程应该是一个马尔可夫过程，某一时期一个行业的状况决定它在下一时期的状况。

这种方法更加适用于静态分析或比较静态分析，正如马歇尔所说，"经济学家的圣地在于经济生物学而不是经济力学"，但之所以当时的经济学主要采用的是牛顿力学中的均衡分析范式而非生物学分析范式，是因为"由于生物学概念比力学的概念更复杂，所以研究基础的书对力学上的类比性必须给予较大的重视；并常使用'均衡'这个名词，它含有静态的相似含义"。

因此，均衡分析方法在分析产业问题时，常常假定或者隐含着偏好、技术、制度固定不变。由于自1640年英国资产阶级革命至今，西方国家经济已历经百年的发展，市场环境已经相对成熟，所以在经济分析时沿用这些假设尚无不可。但是一旦市场环境出现剧烈变动，传统的分析方法将无能为力，2008年爆发的全球金融危机就是一个典型的例证，危机爆发之前西方经济学家们并没有及时预警，危机爆发后西方经济学家们也无法用现有理论对其成因进行深入解释。对发展中国家尤其是处于经济转型过程的国家而言，由于市场经济还很不成熟，内部和外部经济环境不断变化，这种环境下催生的各种经济现象其运动规律就更加复杂，对其本质的把握将更加困难。如果用生物学类比的话，西方经济学的研究对象是成熟的个体，而发展中国家的研究对象是处于生长发育过程中的新生个体。两者适用的研究方法自然应该有所不同。

（二）生态经济学的分析方法

如果我们以发展演化的思想来考察上述问题就会发现，产业演化问题可以转化为制造业中采取传统制造和服务化两大不同策略的行业之间围绕生产要素进行竞争的问题，竞争的结果体现在价值增值的大小差异上。除了把服务作为一个主要投入要素的区别外，两类行业都需要争夺资本、劳动、原材料等要素，维持两类行业生存的市场也大致相同。最终胜出的行业必然是竞争力强的行业。而竞争现象也是自然界普遍发生的现象，达尔文在《物种起源》中就明确指出："最剧烈的斗争，差不多总是发生在同种的个体之间，因为它们居住在同一地域，需要同样的食物和配偶，遭受同样威胁，在同种的变种之间，其斗争之剧烈，亦大体如此，且有时在短期内即见胜负。"

在生态学中，对竞争现象的规律加以论述的是种间竞争与生态位理论。种间竞争是指物种之间对某种自然资源的争夺。德国学者高斯在对两种比较类似的草履虫进行实验后提出了高斯假说（Gause hypothesis），又称竞争排斥原理，即亲缘关系接近的、具有间样性的物种不可能长期在同一地区生活，即完全的竞争者不能共存，因为它们的生态位没有差别。具有服务化特征的制造行业和传统制造行业都属于制造业，其上游供应商和下游客户都比较类似，两类行业都力图在激烈的商业竞争中胜出。因此，可以认为服务化制造行业与传统制造行业之间也存在类似于生物界的种间竞争关系，对服务化制造行业的发展演化过程的考察应该考虑到这个重要问题。

生态位理论是生态学的重要概念之一。生态位（Niche）又被称为生态龛、生态灶或小生境。生态位理论认为，处于生物群落中的某一物种与其他物种相关联的位置为其生态位，即每一个物种在群落中都有不同于其他物种的特有的时间、空间位置以及在生物群落中的机能地位。根据前面章节的论述我们知道，服务化制造行业的最大特点就在于一方面其投入要素中服务要素占很大比重，另一方面其产品中无形服务占很大比重。这一特征是否足以支持采取服务化战略的制造行业在竞争中存活下去，并取得优势市场地位，也是在研究其演化过程时非常关心的问题。

二、互动模型小结

第一，首先讨论行业影响系数 P_1 和 P_2。这两个变量实际上体现了两个行业的生态位占有情况，当 $p=q=0$ 时，表示两类行业完全占有不同的生态位，不会相互冲突；当 $p=q=1$ 时，表示两类行业完全拥有相同的生态位，则随着时间 t 的推移，二者间的竞争将以一方胜出而另一方完全消亡告终。

无论从制造业的现状还是未来发展势头来看，一方面服务化制造业都无法完全替代传统制造业，另一方面服务化制造行业与传统制造行业的目标市场似乎不能完全分离，恰恰相反，两者的目标市场存在着相当程度的重合。例如在办公设备制造行业，施乐（XEROX）公司是制造业服务化的典型，公司业务从原来的办公设备销售者转型为现在的服务方案提供者。但是该公司的主要客户仍然和传统办公设备制造商一样集中在商务办公领域。

因此，在现实经济中，服务化办公设备行业和传统办公设备行业的生态位应该有较大部分的重叠但并非完全重合。

第二，从 m_1 与 m_2 的关系来看，如果制造业服务化是一种必然趋势，那么在表示最大市场份额的两个变量 m_1，m_2 之间应该满足 $m_2>m_1$，也就是说如果不加干扰任其自由发展的话，采取服务化策略的行业最终获得的市场份额应该大于传统制造业。这里简单的 $m_2>m_1$ 比例关系其实蕴含着深刻的演化机制，即使在发展初期，新生的服务化行业处于弱势地位，但最终将在竞争中胜出，因为这类行业更能适应激烈竞争的经济环境。

结合运算结果，当 $m_1-m_2p_1<0$ 时，点（0，m_2）是稳定临界点。也就是说，如果满足条件 $m_1<m_2p_1$，则随着时间 t 趋于无穷大，竞争结果将以传统制造业消亡、服务化制造业胜出告终。

第三，与成本—收益分析方法相比，本模型的分析方法更加注重竞争与互动关系对一个企业或行业的影响。另外本模型还特别强调把经济对象放在"时间单向流逝"的背景下进行研究，而经典的均衡分析框架一般隐含着"时间可逆"的假设。因为发达国家的市场环境已经相对成熟，用既有的分析框架分析问题未尝不可。但对于发展中国家特别是转轨国家来说，大量经济现象是他们前所未见的，现象发生的前提条件、现象的本质、现象的运动规律必然有特殊性，因此有必要发展新的理论框架加以分析。

制造业服务化现象的演化过程，也就是制造业服务化的产生、发展以及这种产业模式的可持续性问题。总的来说，事物的演变过程可以大致分为两个：一个是从无到有的过程；另一个是从有到好的过程。首先，从无到有的过程是指制造业服务化的产生过程，在制造业服务化产生之前的传统生产模式下，经济增长的主要来源是资本与技术的投入，而随着知识经济的发展，知识密集的服务要素对价值链的影响越来越大，成为价值增值环节的核心要素，随着制造业生产所使用的服务要素的不断增加，以及制造业产出中服务所占比重的增加，传统制造业逐渐向服务化转变。

其次，从有到好的过程是制造业服务化的发展过程，如果能够观察到随着产业的发展，劳动生产率得到提高，收益增加，那么这种发展就是可持续的。通过对研发设计、售后服务、融资租赁等三类与制造业服务化密切相关的服务活动的统计分析发现，制造业服务化比较发达的 OECD 国家的设计研发服务投入都比较高，研发活动是制造业发展的保障。从制造业服务化最为发达的美国来看，四类售后服务活动收益每隔几年就增加好几倍。从设备融资租赁额看，也呈逐年上升的趋势，而且从总量上看，是设备投资额的一半以上。这些都说明制造业服务化的确发展势头良好。

本研究借鉴生态经济学的理论构建了一个产业演化模型，并借助数值模拟对模型进行了推演。推演结果表明，在假定服务化制造业具有更强的市场竞争力，也就是具有更大的潜在市场的条件下，即使在产业发展初期，服务化制造业规模较小，但最终将超越传统制造业成为市场主流。

需要说明的是，虽然这里使用的是数值模拟技术，但数据并非仅有理论意义，由于模型中的相关参数是根据世界 500 强的典型企业的数据设定的，所以具有较强的现实意义。

第五章　制造业服务化的产业转型效应

在前文对制造业服务化的成因和演化机理进行分析的基础上，接下来将探讨制造业服务化对经济的影响。本章首先探讨的是服务化是否对发达国家的制造业产业转型升级起到了促进作用？如果有促进作用，发展中国家应该怎么借鉴？发展中国家是否可以简单扩大服务要素投入，是否存在特殊问题？如果有，那么服务化在解决这些特殊问题上是否有独特的作用？

第一节　制造业服务化对产业转型升级的影响

一、现有产业转型和升级理论述评

（一）产业结构转型、产业升级之间的关系

产业结构这一经济范畴的含意和用法是存在争议的，有人把产业结构视为某个产业内部的企业间关系，也有人把产业结构视为各个产业之间的关系结构，还有的把产业结构视为产业的地区分布状况。一般公认产业结构专指产业间的关系结构。但也有人认为产业间的关系结构是狭义的产业结构理论，而广义的理论还应该包括研究企业间关系的"产业组织理论"。在本研究中，采取公认的含义，即产业结构是指产业间的关系结构。

对于产业升级的概念，学者们也从不同的研究角度提出了不同的内涵。从学者对产业升级概念的定义中可以归纳出产业升级是产业从低附加值水平向高附加值水平演变的过程。著名学者吴敬琏曾指出，"我们要明确什么是产业升级。技术进步，提高效率就是升级"。

根据价值链理论，产业升级一般而言表现为从工艺升级（同种产品提高效率）到产品升级（同类产品增加款式），再到功能升级（从低端向高端延伸），最后到整个链的升级（从一个价值链转向其他价值链）的过程。

从上述概念来看，虽然其内涵各不相同，但其实它们之间有着内在的联系。产业结构转型、产业升级都是一国经济发展过程中的必然现象。产业结构变化和产业升级是与经济增长密切联系的两个概念。发展中国家常常借助承接来自发达国家的国际产业转移实现产业结构的转型和产业升级，实现经济增长的目标。

（二）产业转型升级的作用

概括来说，产业转型升级的直接作用表现在以下几个方面：

从低效率的产业中释放出生产要素，为竞争力强的新产业提供生产要素，实现资源优化配置。促进资本、技术要素的积累，从而为产业的有序升级奠定基础。促进产业在现有的全球产业链的低端环节向两端延伸，获取更高的附加值。对转轨国家来说，是升级"嵌入"世界生产体系，是融入全球化的途径。

（三）产业转型、产业升级与经济增长

因为产业转型、产业升级和发展中国家承接产业转移等现象间存在内在联系，所以如果从最终的效果上看，这三类经济活动的成功与否都可以用是否促进了经济增长来衡量。正如吴敬琏在谈到 2008 年全球金融危机的防范问题时，认为防范金融危机"其实是关于经济转型和产业提升的问题。这是应对金融危机从根本上必须采取的措施，这不是两件事，而是同一件事"。吴敬琏先生的话也从侧面支持了笔者的观点（但需要注意的是，经济转型既包括产业转型也包括要素配置方式转型）。

根据易纲等的研究，经济增长的相关理论主要是索洛于 1956 年提出的索洛模型，该模型强调资本在经济增长中的重要作用。在索洛的基础上，罗默提出了内生增长模型，把技术进步内生化。卢卡斯于 1988 年又提出人力资本模型，强调通过教育和学习积累人力资本，以获得经济持续增长。罗默和卢卡斯的模型揭示了知识对经济持续增长的重要作用。

随着对经济增长的认识逐渐深化，人们发现经济增长可以有两种方式：一种是粗放型的增长，即主要依靠投资来实现经济增长；另一种是集约型的增长，即主要依靠技术进步、提高效率实现经济增长。如《中华人民共和国国民经济和社会发展第十二个五年规划纲要》就指出，"深入实施科教兴国战略和人才强国战略，充分发挥科技第一生产力和人才第一资源作用，提高教育现代化水平，增强自主创新能力，壮大创新人才队伍，推动发展向主要依靠科技进步、劳动者素质提高、管理创新转变"。这些认识与上述罗默和卢卡斯所代表的内生增长理论是相吻合的。

二、发展中国家面临的特殊问题

除了所有经济体在经济发展中面临的共性问题外，发展中国家与发达国家相比还存在三个问题。

第一，经济发展初期面临的资本有效积累不足问题。归根结底，发展中国家和发达国家在经济发展上的差距体现在资产存量，尤其是人均资产存量上。根据郑玉歆（2007）的计算，2005 年美国人均固定资产存量为 12.5 万美元，而中国 2005 年人均固定资产存量约为 4.15 万元，按当时汇率换算，美国人均固定资产约为中国的 23 倍。也就是说发展中国家在经济发展过程中要经历较长时间的资本积累过程，而资本积累过程主要表现在投资的高速增长上。从这个意义上来讲，粗放的、主要以数量增长为表现的增长方式在经济发展

初期有一定的合理性。人们需要解决的并不是简单地控制投资的数量，而是要关注投资的质量和资本积累的有效性问题，避免因为投资决策草率导致大量重复建设现象的出现，进而出现产能过剩问题。否则，投资就难以形成有效的资本积累。

第二，经济发展过程中面临产业更替时出现的潮涌现象。在发达国家，由于其各种产业都已经处于全球产业链的前沿，因此，企业对下一个新的、有前景的产业不会存在共识，而且政府掌握的相关产业信息也并不比企业多。企业凭借自己对市场需求的判断做出投资决策，经过优胜劣汰的市场选择，少数成功的企业所投资的项目将推动下一轮新产业的出现，并带动国民经济的增长。在发达国家较少出现众多企业纷纷将资金投向同一产业的情况。很少出现投资像浪潮般涌向特定产业的"潮涌现象"，进而导致产业总投资过度的情形。20 世纪 90 年代的网络泡沫例是少数的例外情形。

在发展中国家，产业在融入世界生产体系的过程中，往往嵌入全球产业链的低端，由于在产业结构转型和升级过程中已经有发达国家的"前车之辙"，某些产业虽然在发展中国家市场还没出现，但在发达国家早已有大量市场需求，相关技术已经成熟，因此发展中国家的企业在投资时容易对产业发展方向形成相同的判断。于是，短期内大量企业投资涌向同一个产业，再加上金融机构的支持，使"潮涌现象"普遍发生。这使得发展中国家的新一轮投资项目往往刚建成就已经产能过剩。新的产能过剩问题还没解决，企业投资又开始涌向另外一个产业，形成新的"潮涌现象"。这种产业升级时的"潮涌现象"和产能过剩同时并存的产业发展模式对发展中国家的经济造成了严重的隐患，导致发展中国家出现比发达国家更频繁的经济周期波动。

第三，在融入全球生产链的过程中无法顺利实现有序升级，反而有可能被固化在产业链的低端。原因是在全球化时代，企业或行业要想在全球生产链上实现升级需要满足更多的条件。正如安德烈亚·萨拉·维特（Andrea Szala Vet）所说，在全球化时代，转型升级要比一二十年前难得多。从最初的外包合同接包商到独立的全球供应商，仅凭出色的制造技术是远远不够的。掌握知识密集的、能够带来更高附加价值的专有知识也是不够的。上述能力还要与融资能力，采购方面的知识，先进的信息技术系统以及其他许多类似资本密集的价值增值活动结合在一起才可以。由于存在前述资本有效积累的问题，发展中国家的企业常常面临资金限制，这些企业通过参与国际分工获得的收益远远无法满足前述条件所需的资本。发展中国家低效率的资本市场也限制了本国企业的融资需求。

三、制造业服务化对发达国家和发展中国家的影响

（一）对发达国家的影响

发达国家产业结构的一个显著特点是服务业的迅猛发展。2008 年科技部领导在上海市科委主办的"制造业信息化科技工程—现代制造服务业专题工作研讨会"上指出，发达国家服务业增加值占 GDP 比重的 70%，服务业中生产性服务业占整个服务业比重的 70%。

这一产业结构的转变是从 20 世纪 70 年代开始的，第二次世界大战后，制造业曾是美国和欧洲制造业的主导产业，但随后便逐渐让位给了服务业。

（二）对发展中国家的影响

如前所述，发展中国家在推动产业结构转型和升级以实现经济增长的过程中面临三大难题。下面的分析将说明制造业服务化是如何有助于解决上述三大难题的。

首先，导致资本积累的无效性问题的原因其实和"潮涌现象"产生的原因具有相同点。之所以产生"潮涌现象"是因为企业对下一轮产业升级的方向具有共识，但是对投资于该产业的企业总数缺乏信息，以至于错误地估计了投入某一特定产业的资金总额，盲目进入，最终导致产能过剩。而产能过剩，也就意味着资源的浪费和无效配置，也就是资本的无效积累。

要想避免"潮涌现象"，必须通过企业自主创新，创造差异化的行业发展方向，避免与国外成熟产业形成恶性竞争。恰米茨基（Czamitzki）等通过研究发现服务活动的创新能力，特别是知识、创造力、营销和管理技能，使其成为"创新之桥"，服务活动被认为是技术变化和经济进步的主要驱动力。制造业通过服务化策略，增加服务要素投入，增加产出的服务部分，为产业发展提供更广阔的空间，使产业发展更满足市场需求，从而使投资项目变得更具可持续性。这可以从企业层面解决"潮涌"问题。

其次，要想解决发展中国家的升级障碍问题，就要明确发展中国家参与世界生产体系的目的与发达国家是不同的。发展中国家参与世界生产体系的主要目的是通过与世界先进产业体系的合作获得本国经济发展所需的先进技术和管理经验，促进本国经济转轨，更快、更好地实现现代化。

评价解决升级障碍的策略、措施是否有效，应该看其是否能够满足发展中国家获取专有技术、专利、管理经验等各种无形资产的要求，以及通过这些策略、措施是否能够促进发展中国家自己的自主创新和显性、隐性知识的积累。显而易见，在各类经济活动中，服务性经济活动是最能满足上述目标的。比如与制造业的生产紧密相关的研发设计、物流、信息通讯等。

发展中国家实施制造业服务化策略还有特殊的好处。因为跨国公司之所以愿意将其制造环节的某一部分外包给发展中国家，主要是想降低成本。处于分工低端环节的接包方常常感到难以向产业链两端顺利升级，因为处于产业链顶端的跨国公司一方面不愿意看到在自己控制的产业链中出现竞争对手，另一方面也没有动力为发展中国家的代工企业创造前向或后向联系。

面对这一问题，发展中国家的破解思路不应该是为升级而升级，不应该不惜一切代价提升企业在产业链中的位置，直到成为独立的、与现有跨国公司平行的世界生产体系中的一个重要节点。恰恰相反，发展中国家产业升级的方向应该是遵循自身学习曲线的规律，积累相关技术和知识，成为本地市场的竞争中心。因为发展中国家大都拥有众多人口，研究怎样把从跨国公司生产网络中学到的知识和经验应用到本国市场的培养和开拓上，将比与跨国公司争夺现有的市场要有意义得多。这也从根本上符合发展中国家通过承接产业转移实现产业转型升级的根本目的，即最终应该实现本国经济的增长和本国人民福利的提高。这一最终目标仅靠提高制造环节本身的生产率是无法实现的，而应靠自主创新，研发真正符合本国市场需求的产品和服务，探寻适合本国市场销售的物流方案。而这些都属于制造业服务化或商业服务的范畴。

第二节　制造业服务化的产业升级效应实证分析

一、以服务作为中间投入的研究方法介绍

从现有文献来看，学者对服务投入与制造业的关系研究主要采用三种方法：

一是通过比较服务业内部各个行业之间的服务交易额，服务业与其他行业之间的服务交易额，说明服务对制造业的重要性。如汤姆林森发现服务投入在日本制造业中的确扮演重要作用。但是在英国，服务业内部的服务投入更加明显；二是把服务作为一种生产要素，通过 Cobb-Donglas 生产函数的改进形式进行研究。如 OECD（2001）把生产要素的内涵从资本和劳动扩大到能源、原材料和服务，通过估计生产函数来考察服务投入对制造业产出和生产率的影响，德瑞杰尔（Drejer，2002）把自变量换成实物资本、劳动和商务服务；三是借助投入产出表，着重考察制造业产值中服务业中间投入量变化，如帕克、派拉特和沃夫的研究。

（一）行业分类方法的选择

在构造经济模型对制造业服务化现象进行研究时，首先要解决的就是经济活动分类标准的选择问题。从权威性和普及度来看，由联合国统计司设计的国际标准产业分类第三次修订版（ISIC Rev.4）无疑是最值得考虑的。但是笔者在仔细探究 ISIC 标准的来历和作用的演变后，觉得该标准并不完全适合本研究的主题。因为 ISIC 并没有充分反映出发达国家经济和发展中国家产业结构之间的巨大差异。而就本研究的主题而言，制造业和服务业恰恰是发达国家和发展中国家差距较大的两个行业。

有鉴于此，本节借鉴了帕维特的产业分类法。在产业创新与技术传递领域，帕维特的产业分类法是比较著名的。帕维特分类法考察了制造业的不同细分行业的技术活动差异以及由此导致的创新活动的差异，并据此将制造业细分为四个种类：供应商主导型、规模经济型、科技主导型和专业制造型。

（二）服务投入的量化方法

如果仅构造出抽象的生产函数模型而不能将现实数据代入进行运算，将是非常遗憾的

事情。而在构造这里的生产函数模型时，最大的难题是如何获得作为中间投入的服务要素的相关数据。因为其他变量如资本投入、劳动投入等都可以从统计年鉴中直接获得。而年鉴中一般只有关于服务行业的最终产出的统计，作为制造业中间投入的服务要素，现在还无法直接获取相关数据。

从现有文献来看，能够衡量某一行业中间投入的可行方法是美国著名经济学家里昂偈夫提出的投入产出分析法。在第二次世界大战以后，这种方法已被世界各国广泛采用。投入产出分析法，是根据国民经济各部门相互之间产品交易的数量编制一个棋盘式投入产出表。表中各行反映某一部门的产品在其他部门中的分配，各列反映某一部门在生产消费过程中从其他部门得到的产品投入。根据投入产出表计算投入系数（也称为技术系数），即各个部门每单位产出所需由其他部门投入的产品数量，并编制投入系数表。这些系数可以用来建立一个线性方程组，通过矩阵代数的求逆原理计算最终需求的变动对各部门生产的影响，或进行其他方面的分析研究。

据文献记载，里昂偈夫的投入产出思想的渊源可以追溯到重农学派魁的著名《经济表》。数理经济学派瓦尔拉（Leon Walras）和帕累托的一般均衡理论和数学方法在经济学的应用构成里昂偈夫体系的基础。一个投入产出表既可综合反映整个国民经济的全貌，也可反映一个生产部门，甚至一个大的生产企业的情况。所以，投入产出分析法既能用以分析全面均衡关系，也能用以分析局部均衡关系；既适用于研究宏观经济问题，也适用于研究微观经济问题。

对笔者的研究来说，投入产出表的宝贵价值在于它给出了每个产业总产出中所消耗的其他产业的中间产品的数量。因此，根据其编制原理，如果能够找到某经济体的投入产出表，那么就可得到制造产业在生产中所消耗的服务业中间产品的数量。

二、对模型回归结果的总结

总的来说，服务中间投入的确对制造业具有显著影响。无论是从不分阶段的初步回归结果看，还是从分阶段的回归结果看，服务中间投入的系数在供应商主导型和规模经济型制造业都很显著。

具体来看，服务中间投入对供应商主导型制造业（SDOM）的影响并不随时间推移而发生显著变化。服务中间投入对规模经济主导型制造业（SCALE）的影响随时间推移发生显著的变化。这较为典型地反映出传统制造业向制造业服务化演进的过程。因为根据前文对服务化的定义，从投入角度看，制造业服务化就表现为服务要素投入对产出的影响越来越大。

科技主导型制造业（SCIB）和专业型制造业（SPEC）两个行业中，服务中间投入的影响并不十分显著，根据 Pavitt（1984）分类法对这两类行业的定义可以知道，他们主要依靠自主创新。这类企业内部的服务活动因而很难根据外部数据进行考察。举例来说，在超大规模集成电路制造行业，集成电路设计完成后，将通过复杂的沉积和刻蚀工艺进行制造，将硅基片转换成上百万的晶体管和连线。整个过程将耗费一个月以上。如果制造出的原型芯片不能正常工作，就必须找到设计缺陷并重新制造。因此，设计失误将使产品延迟数月上市。在竞争激烈的市场环境下，除了重新设计芯片的成本外，延迟就意味着上百万的收入损失，因此这类企业对基础性研究和产品设计极为重视，这种能力也是公司的竞争力的来源，因此很难看到公司把这类服务性的工作外包出去，市场上也很难买到这种服务。

第三节　知识要素对产业国际竞争力提升的影响

一、知识要素在产业国际竞争力评估中的重要性

（一）产业国际竞争力评估的常用方法

从现有文献看，对产业国际竞争力的评估方法经历了从总量性指标到结构性指标的演进过程。在早期的研究中，国际贸易规模、出口的行业结构、国际资本流动规模和国际投资结构等指标是常用标准。基于总量性指标构建的若干贸易指数也常被用来衡量产业的竞争力和国际分工地位，显性比较优势指数（RCA）就是学界常用指标之一。然而在产品内分工主导的国际贸易投资格局下，RCA 指数无法剔除本国从外国进口的中间品的价值，因此若一国出口中包含大量国外价值时，该方法将高估本国国际竞争力，使本国出口产品结构虚高，但实际上却是"有出口而无产业"。由于中国产业整体上处于分工的中下游地位，产业的自主性、收益性和可持续性面临挑战，也容易产生"统计假象"问题。

胡梅尔斯（Hummels）等最早使用投入产出方法衡量一国垂直专业化程度，简称 HIY 法。道丁（Daudin）、里夫拉特（Rifflart）和施韦斯古特（Schweisguth）在 HIY 法的基础上，提出了测算出口中国内增加值份额的折返额的方法，简称 DRS 法。考夫曼（Koopman）、鲍尔斯（Powers）、王（Wang）和韦（Wei）比前两种方法更进一步，提出了全面分解一国出口总值的方法，在国内被称为贸易增加值核算法，简称 KPWW 方法，该方法在贸易总量指标的基础上还考虑到了国内外价值的结构性指标，较好地解决了中间品贸易的重复计算问题，为分析一国的产业国际竞争力提供了新的思路。张海燕利用 KPWW 方法从静态和动态的角度评估了中国 35 个行业的国际竞争力。

（二）产业国际竞争力的影响因素

波特（2002）提出的钻石模型理论指出，要素，需求，相关与支持性产业，企业的战略、结构和竞争等四个基本因素，以及政府、机会等两个辅助因素构成了影响企业和产业竞争力的基本环境。金芳认为，在经济全球化背景下，生产要素的内涵已经大大拓宽，自然资源和劳动力等传统要素的作用减弱，而技术、信息、人才和创新机制等知识要素的作

用增强。张幼文认为，生产要素的结构与内涵变化是其变化的内因。这些研究说明了生产要素差异及其内在变化对产业国际竞争力具有重要影响。

外商直接投资（FDI）是一种重要的知识要素载体。从生产要素的角度看，FDI 表现为资本投入，似乎与传统资本要素并无二致。然而，无论是本地投资还是跨国并购，投资过程除了资本流动外还涉及大量专业服务要素的投入，如咨询、法律、会计等。而且 FDI 本身还涉及大量管理经验的输出，后者常常是经济发展达到一定阶段的东道国最为看重的宝贵资源。以中国为例，近年来地方政府吸引 FDI 的原则从招商引"资"向招商引"智"转变就说明了这一点。因而外商直接投资也是知识要素的一种重要的载体。外商直接投资以及垂直专业化的迅猛发展使得传统的以居民和非居民间交易为基础的国际贸易统计越来越无法正确反映各国的真实贸易收益。在此背景下，要素所有权差异对一国产业真实竞争力的影响日益引起学者们的关注。贾怀勤指出，外商直接投资在东道国的国外附属机构（Foreign Affiliates）的存在使国际经济交往日益从货物流动向要素流动发展，国家间贸易利得的统计标准受到很大冲击。张幼文指出，在要素流动的背景下，只有要素所有权意义上的国家产出而非地理意义上的国家产出才是一国国民能够支配和享用的财富，才真正体现一国的真实国力。

制度因素是知识要素的重要组成部分，而所有制结构是协调生产组织过程的重要制度。现有文献表明，所有制结构不同的企业，其经营绩效也不同，这从侧面说明了所有权差异的确是产业竞争力的影响因素之一。例如，刘小玄对 20 多个产业 17 万家企业数据的分析表明，私营个体企业的效率最高，三资企业其次，股份和集体企业再其次，国有企业效率最低。贺聪、尤瑞章发现，民营工业企业的技术效率优于国有和外资工业企业，创新能力更强，具有生产效率的机制优势。邵挺发现，国有企业的资本收益率要远远低于其他所有制类型的企业，私营企业的资本收益率最高。左小蕾的研究表明，相对于国有经济和外资企业，民营企业在创造有效投资需求（即有合理利润回报的投资）方面具有很大潜力，是稳定经济增长的关键。

（三）现有产业国际竞争力评估的改进思路

现有文献对产业国际竞争力评估方法及影响因素已经做了大量的研究，但是对知识要素的重要作用还有待进一步深入研究。现有的研究虽然考虑到外国中间品技术含量可能对本国出口品技术水平的客观评估造成影响，进而影响到对本国国际竞争力的评估，但是对中间品的剔除方法主要基于本国投入产出表数据计算，数据时效性差且不连续，更重要的是单个国家的投入产出表难以反映国与国之间的中间品使用情况，因而无法对本国中间品在整个国际分工体系中的使用情况进行定量分析。

世界投入产出数据库公布了 1995—2011 年连续时间序列世界投入产出表（WIOT），而且该数据库采用 ISIC 产业分类标准对 40 多个国家和地区的 35 个产业进行了统计，这对我们进行国际横向比较是极为有利的。

另外，在对产业国际竞争力的影响因素问题上，考虑到制造业服务化使得知识密集型要素投入对制造业价值创造活动的影响日益显著，因而我们应该将知识要素投入纳入产业国际竞争力的评估。考虑到数据的可得性，这里采用的是研发投入这一常用指标作为知识密集要素的替代变量。

二、基于增加值贸易核算法的中国产业国际竞争力测度

本研究将以中国产业国际竞争力测度为例说明增加值贸易和算法的应用。

（一）世界投入产出表模型

根据库普曼（Koopman）等以及蒂默（Timmer）的研究，可以构建世界投入产出表模型。假设整个世界经济由中国（CHN）和世界其他国家的总和（ROW）两个经济体构成，每个经济体都包含多个可贸易产业部门，由此得到世界投入产出模型。

（二）产业国际竞争力的评估

1. 与世界平均水平的比较

根据库普曼等的研究，因为出口总额中包含了中间品的重复计算，所以贸易总额无法真实反映一国产业国际竞争力，在要素流动日益频繁的背景下，贸易结构的影响变得越来越重要。这又可分为两种情况讨论，若一国产业以设计、研发、核心部件等的出口为主，这些产品在出口到国外后并没有完全被当地所吸收，而是被外国作为中间投入品用来生产出口品，然后这些包含了本国价值的最终产品又作为进口品返回到本国。若这部分在产业出口中的比例较高，则说明世界其他国家对该国产业依存度较高，该国产业必定处于国际分工的高端地位，国际竞争力相对较高。

另一方面，若一国产业主要从事加工贸易，其出口中必然包含大量国外增加值，该国产业的发展必然依赖于世界其他国家产业提供的中间品，该国产业必然处于国际分工的低端，国际竞争力相对较低。

所以，若一国某产业出口中的VS1值所占比例越高则其国际竞争力也越高；反之，若一国某产业的VS值占比越高则其国际竞争力就越低。

根据库普曼在一个由两个经济体构成的世界中，一国的VS1值就是另一国的VS值，因此可以将某产业国际竞争力指数值与世界平均水平值1做比较，若该值大于1，则产业国际竞争力水平较高；若该值小于1，则产业国际竞争力水平较低。

WIOD数据库（蒂默，2012）公布了40个国家和地区35个产业1995—2011年的世界投入产出表（WIOT），35个产业分类标准是ISIC分类。利用这些数据和公式，本研究计算了中国35个产业国际竞争力指数及其17年来的变动情况。

本研究还借鉴了戴臻（2010）的产业分类方法，根据技术、技能、要素密集度和规模差异，将世界投入产出表中各产业合并为五大类产业，计算结果表明中国产业整体国际竞争力水平不高，大多数产业低于世界平均水平。从产业类型看，初级产品部门和服务部门

表现相对较好，但技术密集型部门和劳动资源密集型部门竞争力指数不高。但考虑到中国服务行业的对外开放度均比较低，其真实国际竞争力尚需进一步评估。

从产业大类看，工业部门中只有初级产品部门国际竞争力水平最高，且呈逐年上升趋势。而劳动和资源密集型制造部门、技术密集型制造部门和未分类部门的竞争力水平都不高。服务部门的表现比工业好些，接近世界平均值。

2. 与中国平均水平的比较

行业开放度、出口的国内附加值率和国际竞争力三者间具有内在逻辑关系：较高的行业开放度意味着国际竞争较为激烈，若产业仍能保持较高的国内附加值率，则说明该行业具有较强的国际竞争力；反之，则说明缺乏国际竞争力。

3. 内外资企业间的比较

用张海燕（2013）的方法，可以筛选出23个出口国内增加值率相对较高的产业，其中包括9个工业部门、14个服务业部门。在此基础上，本研究将进一步探讨这23个产业的要素所有权情况，或者说内资和外资的结构如何；哪些产业由外资主导，哪些产业由内资主导。要分析产业的要素所有权情况，最精确的方法是统计组成各个产业的企业的所有权结构，然后据此计算不同所有权主体在各个产业出口额中的比重。然而，由于这类数据不可得，而国研网的工业统计数据库公布了不同所有制企业的出口交货值数据，故本研究将使用该数据进行分析。遗憾的是，这个数据库仅包含了工业数据，服务业的数据仍然不可得，因此只能分析9个工业部门。

具体的步骤是，首先将图中区域Ⅰ和区域Ⅳ中所列的出口国内增加值较高的九个工业部门选取出来，其中区域Ⅰ包括三个产业：c4 纺织品业、c5 皮革及制鞋业、cl6 其他制造业。区域Ⅳ包括六个产业，c2 采矿业、c3 食品、饮料烟草业、c6 木制品业、造纸与印刷业、ell 非金属矿产品业、cl7 电力、天然气和水的供应业。然后，根据国家统计局统计设计管理司发布的《国民经济行业分类查询管理系统》提供的 ISIC 分类和《国民经济行业分类2002》对照表，将国研网数据库的 41 个行业归并为 WIOT 所使用的 ISIC 分类的 9 个产业。最后计算归并后的 9 个产业的外商投资和港澳台商投资企业 2011 年出口交货值占全国出口交货值的比重。

如果按 0.5 为分界线的话，则内资在前四个工业部门占有优势，外资在后五个工业部门占有优势。对照前文戴臻（2010）的产业分类可知，内资占优势的高增加值产业大都属于初级产品及劳动和资源密集型部门。而外资占优势的高增加值产业则大多为劳动和资源密集型部门。值得注意的是，以国内增加值率和开放度二维指标评估得到的国际竞争力较强的产业中，无论是内资还是外资企业都没有涉及技术密集型产业。

三、知识要素对中国产业国际竞争力的影响分析

前文的分析表明，尽管中国已是贸易大国，但出口贸易的国内增加值不高，贸易额中

的很大部分都是中间品贸易，产业的升级空间还很大。那么知识要素对中国产业国际竞争力的影响究竟怎样呢？下文将借助面板数据模型对此问题展开实证分析。

（一）模型设定

关于国际竞争力影响因素的经典理论是基于要素禀赋的比较优势理论，根据该理论，一个产业的要素投入种类和数量是影响其国际竞争力的重要因素。随着中间品产品贸易日益盛行，要素投入的内涵也逐渐拓宽，在知识经济背景下，中间产品的生产离不开大量知识要素的投入。OECD 于 1996 年发布的《知识经济》（Knowledge-based Economy）报告表明，知识经济下产品的价值越来越取决于无形的要素，如品牌的知名度或者相关服务的质量高低。金芳（2003）也指出，从对国际分工地位的决定作用看，知识要素比传统要素的作用趋于增强。

（二）变量说明及数据来源

出口增加值（vae）是因变量，在模型中作为中国产业国际竞争力代表变量。数据来源为作者根据 WIOD 的世界投入产出表（WIOT）1995—2009 年数据和公式计算得到。

外商直接投资（fdi）为各产业的外商直接投资额，用以考察外资投入带来的影响。数据来源为历年《中国统计年鉴》。

就业人数（emp）为各产业的就业人数，用以考察劳动要素投入对产业国际竞争力的影响。数据来自 WIOD 网站的社会经济统计数据库（SEA）。

行业研究开发费用（rd）为各产业研发投入，用以考察产业研发投入的影响。数据来源为历年《中国科技统计年鉴》。

行业规模（scale），用行业固定资产占工业总资产的比例表示。用来衡量行业的规模经济对国际竞争力的影响。规模越大，说明垄断程度越高。数据来源为历年《中国统计年鉴》。

国有企业（soe）出口交货值占比，民营企业（poe）出口交货值占比和外资企业（foe）出口交货值占比，三个变量分别用相应产业的出口交货值除以产业出口交货总值表示。用以衡量所有权属性差异对竞争力的影响。数据来源为国研网工业统计数据库。

为了减轻模型可能存在的共线性、异方差及数据单位差异问题，在回归时除变量 scale 以外，其余变量均取了对数值。

三、实证分析小结

第一，知识要素的重要性尚未充分显现。因中国制造业正在从依赖资本与劳动力的数量扩张转向依赖研发与服务的集约化增长，知识要素对中国产业国际竞争力的影响要想充分发挥还需时日。外商直接投资虽然对中国产业竞争力具有一定的积极作用，但同时也需注意，随着产品内分工的深化，跨国公司全球范围内价值最大化战略的实施，导致基于传统贸易总额统计方法不能真实反映国家间的贸易利得，可能导致对一国的产业国际竞争力的误判，从而影响产业政策的正确制定。在我们的企业纷纷强调自主知识产权、培育自主品牌的时候，内外资间的竞争将变得更为激烈。在制定外资战略时，必须考虑要素所有权差异对产业竞争力的不同影响，做到外资政策与产业政策相结合，重视提升外资质量。

第二，要素所有权差异是影响中国产业国际竞争力的重要因素。从所有权结构看，民营企业对出口增加值的贡献最大，外资企业次之，国有企业最小。这一结果说明：一方面，要转变外贸发展方式，实现调结构、稳增长的目标，就要大力扶持民营外贸企业的发展；另一方面，民营外贸企业收益的增长意味着中国国民的贸易所得增长，所以要想提高中国国民贸易收益，也应该加大对民营外贸企业的支持力度。

第三，中国产业整体国际竞争力水平不高。初级产品部门和服务部门表现相对较好，但技术密集型部门和劳动资源密集型部门竞争力指数不高。纺织品业、皮革及制鞋业、其他制造业、水路运输业、租赁业等行业具有较强的国际竞争力。另外，服务业相对制造业的出口国内增加值较高，但因开放度低于制造业，其真实的国际竞争力水平尚难确定。

根据价值链理论，产业升级一般而言表现为从工艺升级（同种产品提高效率）到产品升级（同类产品增加款式），再到功能升级（从产业低端向高端延伸），最后到整个价值链的升级（从一个价值链转向其他价值链）的过程。

发达国家制造业可以凭借知识、技术、管理和渠道优势，把价值链核心环节掌握在手中，将精力集中于知识密集型服务环节，通过外包逐渐减少在低端制造环节的业务，从而使产业收益维持在较高的水平上。

但对发展中国家来讲，产业升级路径并非一帆风顺。具体而言，升级障碍表现在三个方面：资本有效积累不足；投资的"潮涌现象"与产能过剩交替出现；无法顺利实现有序升级，反而有可能被固化在产业链的低端。制造业服务化可以促进这些障碍的解决。因为服务活动的创新能力，特别是知识、创造力、营销和管理技能，使其成为"创新之桥"，服务活动被认为是技术变化和经济进步的主要驱动力。制造业通过服务化策略，增加服务要素投入，增加产出的服务部分，为产业发展提供更广阔的空间，使产业发展更满足市场需求，从而使投资项目变得更具有可持续性，为解决"潮涌"问题和产能过剩问题提供了思路。

跨国公司之所以愿意将制造环节的某一部分外包给发展中国家，主要因为这样可以降低成本。因此处于分工低端环节中的接包方常常感到难以向产业链两端顺利升级。这是由于，处于产业链顶端的跨国公司一方面不愿意看到在自己控制的产业链中出现竞争对手；另一方面也没有动力为发展中国家的代工企业创造前向或后向联系。发展中国家产业升级的方向应该是遵循自身学习曲线的规律，积累相关技术和知识，成为本地市场的竞争中心，而不是与跨国公司争夺有限的市场。

第六章　制造业服务化的就业效应

纵观西方发达国家的经济发展过程，产业结构的变化和经济增长必然会导致就业数量和结构的变动。本研究在阐述产业演化问题时提到，可以把价值链上的经济活动看作一个投入产出过程。从价值链的视角看，就业问题就是一个劳动要素投入的问题。这里的劳动要素与罗默四要素分类法中提到的非技术性劳动要素和人力资本要素投入有关。本章将在前文的基础上，进一步探讨产业转型升级对劳动要素市场的影响，并说明在这一过程中制造业服务化战略所起到的特殊作用。因为产业结构的转变常常导致就业结构的变化，所以，就业对结构变化的分析也可以被看作对前文的产业转型升级问题的补充阐释。

第一节　就业结构与产业结构的关系

一、相关理论概述

关于产业结构与劳动力关系的论述最早可以追溯到 17 世纪的威廉·配第的研究，后来在 1940 年科林·克拉克又进一步验证了配第的理论，这就是著名的"配第—克拉克定理"。定理的主要内容是，全部经济活动可分为以农业为主的第一产业、制造和建筑为主的第二产业和广义服务业为主的第三产业。随着人均国民收入水平的提高，劳动力将从第一产业向第二产业转移，当人均国民收入进一步提高时，劳动力将向第三产业转移。

阿瑟·刘易斯的二元经济理论则算得上是对发展中国家的产业结构问题研究中最著名的理论了。他认为发展中国家的经济具有传统的农业部门和现代的工业部门两大部门并存，因而呈现二元结构特征。刘易斯认为，一方面传统农业的劳动生产率低下，却拥有大量劳动力；另一方面现代工业生产率高，但劳动力短缺。随着工业部门不断扩张规模，它吸收的劳动力数量也将增加，直至"刘易斯"转折点，劳动力完成转移，劳动部门的生产率也将提高。最终二元经济变成一元经济。

西奥多·W.舒尔茨则提出要通过增加教育等人力资本投资来"改造传统农业"。舒尔茨指出，发展中国家的主要问题是因缺乏人力资本而导致的人力资本与资本的不平衡，其解决方法只能通过发展中国家自身努力提高人力资本，而难以通过引进资本加以解决。因为他们"改造传统农业"的观点和其他经济学研究的贡献，舒尔茨与阿瑟·刘易斯共同分享了 1979 年的诺贝尔经济学奖。

钱纳里等人在研究发展中国家和发达国家的发展趋势时指出，在发达国家工业化的过程中，农业产值和劳动力就业向工业的转换基本上是同步的。但在发展中国家，产值结构转换普遍先于就业结构转换。钱纳里对此的解释：第一，因为工业部门的技术进步节约了劳动力；第二，因为工业品价格相对于农产品价格偏高。工业的发展在某种程度上是以牺牲农业为代价的。

由上可以看出，人们对产业结构变化与就业的相互关系的认识是一个逐渐深化的过程。最早的配第—克拉克定理揭示了两者之间的一般规律，但他们的研究主要集中于发达国家的情况。刘易斯提出了"二元经济"这一洞见，使人们认识到发展中国家的落后原因在于要素的生产效率上。舒尔茨提出的论点则进一步指出，造成效率落后的原因在于人力资本短缺。而钱纳里则提醒人们技术进步和重工轻农给经济发展带来的潜在问题。

前人的研究给笔者提供了丰富的信息，这些理论的演化过程提醒我们要注意两大原则，即在研究产业转型与就业关系问题时，一要注意相关理论与经济发展阶段的契合性，二要注意结合发展中国家的自身特点，这将对理论的归纳推导产生重大影响。在今天我们研究两者的关系时，首先要认识到知识经济是当代经济发展的大背景，在分析就业问题时要对知识要素的作用给予充分重视；其次包括中国在内的诸多发展中国家现在同时面临经济转轨和产业升级的双重考验。

二、价值链各环节对劳动要素需求的变化

随着知识对人类社会经济活动发展的影响日益重要，制造业对生产要素的需求发生了深刻的变化，除了对劳动要素、资本要素的需求外，对知识密集的服务要素的需求也在增加。从价值链的角度分析，就是说劳动要素的知识密集程度对价值创造过程具有很大的影响。体现在就业问题上，就是价值链各个环节对熟练劳动者和知识性劳动者需求的增加。

美国在这方面最为典型。蒂默等发现，美国在第二次世界大战后，制造业与服务业的就业人数比重发生了变化，以 1950 年为例，服务业吸收了 57% 的劳动力。到了 1970 年，这一数字成了 63%，而 2000 年则是 75%。根据中国制造业门户网站的统计，在 2001 年经济衰退中，美国制造业的雇工总人数急剧下降了 150 万，之后的 5 年内又丧失了 150 万。截至 2007 年，美国制造业的总雇员人数已经降到了 50 年来的最低，只有 1420 万人。另据有关统计显示，2000 年以来，包括韩国、美国、欧洲、日本和墨西哥在内的世界主要工业国家和地区（除了意大利一国外），制造业总雇员人数均出现不同程度的下降。

从制造业就业结构来看，企业对掌握技术的技能型劳动者需求增加，而对普通劳动力的需求减少。维克多·阿吉雷加比里亚就发现，20 世纪 80 年代，西班牙制造业的蓝领工人就业数量急剧减少，而技术工人却大受欢迎。这种现象也同样发生在其他 OECD 国家

当中。

发达国家制造业结构发生变化的原因就是随着制造业价值链的核心增值环节从有形业务转向服务业务，对劳动要素的需求结构也发生了相应的调整，整个行业越来越需要掌握丰富知识、技术、经验和管理能力的技能型和知识性劳动者，而对非技能型劳动者的需求在逐渐减少。

三、全球价值链中发展中国家劳动要素的供需矛盾

发展中国家的就业结构一方面与发达国家有一定的相似性，但也有很多不同之处，这些不同之处才是我们更为关注的。以中国为例，随着中国加入世界贸易组织，更加深入地融入全球价值链中，中国的就业结构除了在整体趋势上与世界主要工业国相似之外，又产生了自身的特点。出现现在两个方面：一是制造业服务化的发展对大量掌握专业技术的技能型劳动者的需求增加，与中国劳动力供给中，非技能型普通劳动者相对过剩，而技能型劳动者相对短缺的矛盾；二是知识经济的发展对大量知识性劳动者的需求增加，与中国每年新增知识性劳动者相对过剩的矛盾。

（一）制造业服务化与技能型劳动者不足的供需矛盾的解决

对第一个矛盾，中国学者已经做了大量的研究。如蔡昉认为，在中国的工业化特别是重工业化的进程中，农村剩余劳动力并没有被工业大量吸收。中国就业结构转换落后于产值结构转换。造成这一问题的主要原因是社会保障制度的不完善和现有户籍制度的约束。而王怀民在研究了加工贸易与中国农村劳动力就业的关系后，认为加工贸易吸收了大量农村剩余劳动力，但由于2008年新《劳动法》的实施导致劳动力成本大幅度提高。而美国次贷危机导致的全球金融危机是造成农民工失业的主要原因。赵利则明确提出，技术进步对就业总量存在"冲击效应"和"补偿效应"两个相互矛盾的效应，两种效应在经济发展的不同时期或不同阶段的作用效果是不同的。新技术在应用之初，由于扩大了经济规模而带动了就业增加，但随着劳动生产率的提高，边际就业弹性在不断下降，最终"冲击效应"大于"补偿效应"表现为对劳动力的排挤。

笔者认为，对于制造业中就业结构的供需矛盾问题也可以从制造业服务化的角度来解释。首先，制造业服务化对经济的重要影响之一，就是生产率的大幅度提高。这一点在前文已有论述。以美国为例，中国制造业门户网发现，"美国制造业2007年的生产总值与2001年相比上升了13%，且仍在快速增长。在计算机和电子通讯等高科技的帮助下，美国制造业的劳动生产率从2001年开始到现在，已经急剧攀升了24%。这与1970年以来四次经济衰退后复苏阶段的平均生产率增长速度相比，要快72%"。

新技术、新发明、新组织结构、管理方式等服务性活动在制造业的大量应用必然对劳动者的素质提出更高的要求，掌握熟练技术、拥有更高学历的劳动者自然更受企业欢迎。而原先属于非技能型劳动者的岗位由于被机器取代，或因为新经营模式的应用而被取消，

最终的确会出现企业削减非技能型劳动者的局面。宏观经济环境的恶化还将导致制造企业进一步裁减员工以降低经营成本。此时，如果一个国家因缺乏足够的人力资本积累，而无法满足制造业服务化战略的实施所需要的高素质劳动力，就会造成产业结构转型升级过程的停滞，经济增长速度趋缓，导致社会对非熟练劳动力的需求降低。

对照制造业服务化对创新的要求，我们可以看到发展中国家的劳动力在需求和供给两个层面都面临严重问题。面对这一矛盾，最根本的解决方法还是舒尔茨提出的通过增加教育投资，提高国家的人力资本的积累。值得注意的是，应该充分研究并掌握制造业服务化的内涵、特征与发展方向，并在此基础上，根据产业转型升级的需要制定合理的教育投资方向，培养国家和社会急需的人才。

（二）制造业服务化与新增知识劳动者过剩的供需矛盾的解决

从学理上讲，第二个矛盾其实蕴含着更深刻的意义。所谓知识性劳动失业是指一部分受过相当教育的知识劳动者找不到工作或屈身做较低文化程度的人所从事的工作，他们是具备一定的知识和专业技能的知识劳动者。知识失业，一般又叫作知识性劳动力失业，这种情况在发达国家、发展中国家都存在，它尤其是发展中国家的通病。人口增长、大学扩招等原因可以最直接地解释造成以大学毕业生为主体的知识性劳动者相对过剩问题。但如果我们透过表面现象，从对产业结构的长期影响上看，知识性劳动者数量的增加其实是社会分工进一步深化的体现。而要想从理论上搞明白分工深化对知识性劳动者就业的影响，我们就必须从亚当·斯密说起。亚当·斯密在1776年出版了经典著作《国民财富的性质和原因的研究》一书，后来的学者理查森经过研究发现其实斯密在这本书中提出了两种截然不同的理论思路。

前述非熟练劳动者的就业问题属于市场配置问题。这可以用斯密思想中的前一种经济均衡理论以及后来以马歇尔为代表的边际分析理论解释。淘汰不熟练劳动者，雇用熟练劳动者，乃至用机器替代人，或者采取外包策略，都是为了获得规模经济。而知识性劳动者的就业问题属于市场创造问题。市场创造只有通过社会分工的不断深化来实现。杨格对斯密的市场创造理论做出了深刻阐释，他认为"分工取决于市场规模，而市场规模又取决于分工，这是一种累积因果关系，经济进步正是在此基础上孕育的"。杨格的理论阐明了迂回生产对经济发展的影响，对50年后的发展经济学产生了深远影响，对我们今天解决知识劳动者相对过剩问题同样具有重大现实意义。

从产业角度看，知识性失业是因为现有市场规模无法提供充足的就业岗位所致，而根据杨格的理论，市场规模受分工程度的限制，因此可以说知识失业是由于分工不足导致的产业链条的迂回度不够，而造成产业无法顺畅吸收知识性劳动者。而在知识经济时代，深化分工的最佳途径就是创新。制造业服务化无疑是实现创新和就业双重目标的可行战略之一。贾根良指出，"在那些与创新的制造业部门有密切关系的服务部门中，产品创新是最快的"，因而在制造业的"高技术"部门与服务业的"知识密集型"部门之间以创新为基础的交互作用对就业增长具有重要的影响。根据实施服务化战略的制造企业的特征我们知道,"知识密集型"部门不仅存在于服务业,也存在于许多大型制造企业。因此实施制造业服务化战略可以直接扩大知识性劳动者的就业。

另外,除了直接扩大就业作用外,在发展中国家,制造业服务化战略的特殊意义在于,它使制造企业通过自主创新掌握核心专利技术,摆脱廉价加工组装的低端环节,使制造业实现向产业链两端延伸。而且在不断延伸的过程中,不断创造出新的增值环节,使生产的迂回度大大增加。无论是两端延伸环节还是新的增值环节,都需要高素质的劳动力,尤其是知识性劳动力。所以制造业服务化还可以间接地在更广泛的程度上促进知识性劳动者的就业。

第二节　制造业服务化的就业效应实证分析

一、"服务化"对发达国家就业的促进效应

如果只从就业的总体情况判断,很容易认为,服务业吸纳的就业是最多的,制造业对就业的贡献没有服务业来得大,因为服务化的制造业毕竟仍然属于制造业范畴。但是如果深入考察制造业的具体行业,就会发现问题。

二、"服务化"对促进发展中国家就业的可行性

随着发展中国家经济的不断发展,其就业结构也开始出现类似的变化。以中国为例,作为制造业大国,在新中国成立初期,就业结构以第一产业为主,占总就业人数的83.5%,制造业和服务业占总就业人数的比例均在10%以下,分别为7.4%和9.1%。之后第一产业就业人数一路下降,到2007年为40.8%,第二产业和第三产业就业人数则逐年上升。1970年第二产业人数首次超过第三产业,1994年又是一个转折点,当年第三产业就业人数再次超过第二产业,截至2007年,第二产业就业人数为26.8%,第三产业为32.4%。可以看出服务业如今已经成为中国吸收就业的一个重要途径之一。当前中国在就业问题上面临的两个障碍背后的原因是不同的。

首先从非熟练劳动者供需矛盾看,在中国,非熟练劳动者过剩除了需求上的原因外,还有更深层次的供给方面的原因。从劳动力供给方面看,农民工是中国制造业所需劳动力的主要来源,而近年来,在一些地区,农村学生受教育的水平却因城乡差距扩大出现下降的趋势。2006年1月,国家教育科学"十五"规划课题"中国高等教育公平问题的研究"课题组发布了一项调查研究结果。研究表明,随着学历的增加,城乡之间的差距逐渐拉大——在城市,高中、中专、大专、本科、研究生学历人口的比例分别是农村的3.5倍、

16.5 倍、55.5 倍、281.55 倍、323 倍。

人才培养模式的不合理已经影响到了实体经济的发展。以珠江三角洲为例，2009 年初，珠江三角洲人才市场就遇到了"招技能工难"和大量"普通工"就业难同时存在的问题。在广东，初级以上的技能工人供求比例是 1：1.2，但普通工的岗位供求比是 1：0.8，外省农民工如果没有技能的话，就很难在广东就业，制造业服务化的转型也因技术工缺乏而遇到障碍。2008 年以来，东莞市许多没来得及升级的企业在金融危机的冲击下纷纷倒闭。而剩下来的企业多是具有自主创新能力的企业。使用机器的好处在于，订单减少时企业可以灵活控制产量，而不必维持过多的员工储备；订单突然增加时，机器又可以稳定工作，超负荷运转也不用考虑加班工时的限制和社保费用。减产停机时，机器的损耗费用也可相应降低。因此虽然一次性投入较高，还是有许多企业选择购买机器，以代替工人。但是在机器数量增加普通工数量减少的同时，随之而来的是企业对机器的安装、调试、运行、维护保养和大修等服务性需求的增加，这些制造业内部的服务活动只能由拥有丰富经验的技术工人来提供。企业为了应对市场需求萎缩就会努力提高产品质量和推出新产品，这又增加了制造企业对设计型、技能型人才的需求。

然而劳动力市场并不能及时满足市场的需求，以 2009 年深圳市劳动力市场为例，需求缺口比较大的职业包括电子工程技术人员，标准化、计量、质量控制、工程技术人员，计算机工程技术人员，保险业务人员，运输车辆装配工、机械设备维修工，以及制版印刷人员等。据深圳市劳保局的工作人员介绍，深圳市人力资源市场 70% 的岗位需要技能型劳动力，比 2008 年上升了近 5%。

从上面的统计数字看来，某些与制造业密切联系的服务性岗位对劳动力的需求有逐渐增加的趋势，但以中国现有的熟练与非熟练劳动力结构，很难满足制造业服务化的发展要求。可以说，这个问题已经给中国的产业转型升级战略敲响了警钟。应该尽快改变现有人才培养模式，通过职业技术学校等培训机构，增加对农民工的专业技术能力的培养，使他们尽快成为熟练劳动力。

从知识性劳动力供需矛盾看，根据前人理论的指导反观中国当前经济运行的问题，就会发现我们在创新和就业两个方面都存在严重问题。贾根良指出，创新与就业已经成为我们所面临的最严峻挑战。

一方面，企业创新严重不足。中国各高校每年虽然取得的科研成果在 6000—8000 项之间，但真正实现转化与产业化的还不到 1/10。专利的实际转化率不足 20%。由于缺乏核心技术，制造企业每年要向国外专利拥有人支付高额的使用费，自己只能赚取微薄的加工费，或者铤而走险暗中模仿国外专利技术，面临随时被起诉并失去在产业链中的生存地位的危险。

另一方面，大学毕业生、研究生面临知识性劳动力失业问题。随着每年毕业生人数的大量增加，当期无法就业的毕业生人数也在逐年增加，从 2006 年的 147 万人到了 2009 年的 183 万人。值得注意的是，接受高等教育的学生生源结构发生了巨大变化，"过去我们上大学的时候，班里农村的孩子几乎占到 80%，甚至还要高，现在不同了，农村学生的比重下降了"。农村学生的比例下降，城市学生的比例上升，一方面使城镇青年毕业后即面临失业压力，另一方面不利于整体劳动力素质的提高。

与普通工和熟练工的供求矛盾不同，知识性劳动力供求矛盾在本质上是由于发展中国家面临的市场规模有限造成的。也许在经济全球化的今天，声称市场规模有限是有问题的，尤其是对作为"世界工厂"的中国而言，这种提法似乎更有问题。目前所有的制造企业的主要市场仍然集中在欧美市场。2008 年以来的金融危机让中国人意识到，其实拥有 13 亿人口的国内市场才是一个最有潜力的市场，但问题是，由于分工程度不够完善，国内大部分制造企业并没有成为国际生产体系中的一个独立节点，而只是承担了加工组装的片段，处在这个分工地位的企业其利润是有限的，为了维持生存，只能千方百计削减成本，因此企业没有足够的资金对新毕业的大学生进行在职培训，即使有的企业愿意实施在职培训，但后果也是得不偿失。正如广州仲衡保险公司的执行董事管仲华所说，应届毕业生"往往把第一份工作作为跳板……企业培养一个应届生需要付出很多，所以企业宁愿高薪去挖一个别人培养好了的熟练工"。

在中国，大学生就业难的问题并非像发达国家那样是因为经济增长相对停滞造成的，而主要是因创新不足导致的分工不充分，进而造成市场难以继续扩展，所有企业都集中在现有的、已经相对成熟的发达国家市场所造成的。因此，解决包括大学生在内的知识性失业问题的根本途径在于扩大市场规模。根据杨格的理论，创新促进分工，分工将进一步扩大市场规模，吸收就业。

从前文对制造业服务化战略的分析可知，这一战略对企业自主创新进而扩大市场规模，使企业向产业链两端延伸，增加生产的迂回度有很大的促进作用，而所有这些效果都将促进大学生就业形势的改善。

根据配第一克拉克定理，随着人均国民收入水平的不断提高，劳动力将从第一产业转向第二产业，再从第二产业转向第三产业。知识经济的发展使得发达国家劳动力的转移出现了新特点，即对掌握技术的熟练劳动者和知识性劳动者的需求增加。

发展中国家的就业问题除了与发达国家存在共性外，也存在着特殊性。一是劳动力供给中，非技能型普通劳动者相对过剩与技能型劳动者相对短缺的矛盾。二是知识经济的发展对大量知识性劳动者的需求增加与每年新增知识性劳动者相对过剩的矛盾。

要解决上述矛盾，首先，要认识到知识经济时代，制造业对生产要素的需求发生了深刻的变化，除了对劳动力要素、资本要素的基本需求外，劳动力的知识密集程度对价值创造过程也具有很大的影响。体现在就业问题上，就是价值链各个环节对熟练劳动者和知识性劳动者需求的增加。

其次，应该尽快改变现有人才培养模式。职业技术培训和高等教育应该同时并重，以满足经济发展对上述两类人才的需求。尤其是应该借鉴舒尔茨的观点，重视对农业劳动力的教育，以提高发展中国家的人力资本储备。

　　最后，还应看到，传统欧美市场容量毕竟是有限的，发展中国家不可能完全依靠增加这些传统市场的供给来实现本国劳动力的就业。根据杨格的理论，"创新促进分工，而分工可进一步拓展市场规模"。因此解决问题的根本途径在于通过服务化不断实现创新，扩大本国市场规模，以解决知识性就业的问题。

第七章 制造业服务化的国际贸易效应

在讨论制造业服务化的成因时，可把服务作为一种中间投入要素处理，并构造生产函数。但是那个生产函数模型并没有区分服务要素的国别来源，在全球化的今天，没有任何一个国家能够完全依靠本国的要素禀赋开展生产。因此，本章将延续前文的思路，仍然把与制造业密切联系的服务作为中间投入要素，并进一步探究这种服务要素作为可贸易品在国家间流动时对一国贸易利得的影响。通过分析，主要想回答三个问题：制造业服务化对国际贸易的贸易基础有没有或有什么影响？如果有，那么建立在新的贸易基础之上的贸易模式是怎样的？这种贸易模式为参与贸易的国家带来什么样的贸易利得？

第一节 服务中间产品贸易的理论框架

一、中间产品贸易发展现状

全球经济一体化下，世界生产和贸易体系发生了一系列新变化，表现在贸易模式上的一个特点就是中间要素贸易的比重日益增加，逐渐成为国际贸易的重要形式。以下表为例，1967—2007 年，发达国家消费品与中间产品的进口变化不大，出口小幅下滑。与此相对照，新兴经济体进出口份额大幅度增加，其中中间产品的出口份额增速更快，2007 年占世界出口的份额是 1967 年的 7 倍。这说明，新兴经济体正凭借中间产品贸易迅速融入全球分工体系，这极大地促进了本土经济的发展。然而我们仍要看到，发达国家仍然是最终产品的主要需求方，在 2008 年全球金融危机爆发前，发达国家的消费品进口占据了世界份额的 3/4 强（77%），这意味着新兴经济的出口仍然在很大程度上依赖于发达国家。全球金融危机爆发时，新兴经济体出口普遍大幅度下滑，进一步说明了这个问题。

海闻等（2007）考察了 1984—2002 年电子、电气设备制造业和交通运输设备制造业的中间投入品进口占最终产品价值的百分比。美国的电子和电气设备制造行业进口的中间投入品占最终产品的比重从 1984 年的 6.7%，增长到 1992 年的 10.9%，1997 年进一步增长到 17.6%，2002 年更增加为 20%。中国电子和电气设备的中间投入品进口比例相对美国要高，1997 年为 24.3%，而 2002 年为 29.7%，也就是说最终产品总价值中进口的中间投入品的价值将近占了 1/3。从交通运输设备来看，美国的数字从 1984 年的 10.7%，到 2002

年的 24.2%，翻了一倍还多，而中国从 1992 年的 4.6%，到 2002 年的 12.4% 翻了将近 3 倍。可见在制造业中间产品贸易的发展的确是一日千里。

根据世界贸易组织的《国际贸易统计 2009》，经济全球化与产品内分工的发展的一个重要表现就是中间产品贸易总额的不断增加。这一现象不仅表现在货物贸易上也表现在服务贸易领域。跨国公司与其海外子公司之间的服务出口额占总服务出口额的比例从 1997 年的 21.7% 上升到 2007 年的 27.5%（WTO，2009）。而且图中所指的中间服务贸易排除了银行间金融服务、运输服务和旅游服务，也就是说这些中间服务是与公司生产经营联系最为密切的商务服务。

20 世纪 80 年代以前，服务通常被认为是不可贸易品。因为当时服务交易需要提供者和接受者进行物理接触才能实现。但随着科技的发展，服务可以通过电子通信技术被储存、传递和消费。而诸多行业中受益最大的常常是中间投入性服务，如管理咨询、信息处理、设计研发和金融服务。而且这类服务的提供者通常都是受过良好教育并拥有熟练技能的劳动者。

20 世纪 90 年代随着知识经济的兴起，服务要素在产品中的比重日益增加，以服务要素为中间投入的贸易引起了学者们的广泛关注。学者们通过研究发现，中间产品贸易以及服务要素在中间投入过程中具有一系列特征。詹姆斯·R. 马克图森（James R.Marktusen）和詹姆斯·梅尔文（James Melvin）在分析了中间产品贸易的数据后发现，与最终制成品相比，中间产品通常具有资本要素密集度高的特征。其中的服务性中间投入则具有异质化和知识要素密集度高的特征。

在模型的构建方面，学者一般使用两种方法对服务要素贸易进行说明。一种方法如詹姆斯·R. 马克图森，他构造了一个两部门经济模型（一个部门的生产函数只使用劳动力和资本，另一个部门的生产函数只使用服务要素），并运用求线性规划的方法对两个部门的产出进行了比较，发现在总要素投入不变的情况下，通过增加中间投入要素的种类（在这里是服务要素）可以使总产出增加。马克图森还指出，中间产品的高知识要素密集度，意味着该类产品的生产具有较高的规模经济。而要获取知识要素又必须支付大量初始学习成本，随后以知识为基础的服务就能以较低的边际成本售出。举例来说，工程师可以将同一份设计图纸出售给不同的客户。

另一种方法是约瑟夫·F. 弗朗索瓦等人所采用的，他的模型采用了一个生产函数集合，而且不同生产函数代表不同的分工程度，随着一个产业的分工程度逐渐细化，该产业的产出也将增加。他的模型还把劳动力要素区分成了受良好教育的或熟练的劳动力和普通劳动力。服务性活动如设计、管理、规划、信息处理等由熟练劳动力要素提供。

二、模型分析小结

通过构建中间产品贸易和最终产品贸易的比较模型，并分析贸易利得，可以得到如下结论：

第一，最终产品贸易并不一定改善参与国的总收益，在极端情况下甚至会导致一国贸易条件的恶化。印度经济学家巴格瓦蒂分析了贫困化增长的问题。他指出，当（由于技术进步或要素积累产生的）增长导致贸易条件发生急剧恶化，甚至贸易条件的恶化造成的损失将超过之前增长所带来的收益。20 世纪 50 年代提出的"普雷维什—辛格命题"对广大发展中国家的发展模式提出了怀疑，认为发展中国家的贸易条件的恶化会导致国际贸易的利益更多地被发达国家所取得，发展中国家最终只能得到"贫困化增长"的结果。普雷维什等人因此主张发展中国家必须反对自由贸易，保护民族工业的发展。

第二，中间产品尤其是服务性中间产品贸易可以为一国带来更高的收益。本模型通过中间产品贸易和最终产品贸易利得的比较，从另一个侧面说明了"贫困化增长"的可能性。但是根据模型的分析，发展中国家要摆脱"贫困化增长"，并不一定采取设置贸易壁垒的消极方式。在知识经济背景下，发展中国家应该主动顺应世界经济的发展潮流，促进服务等中间要素的自由贸易，通过中间产品贸易避免"贫困化增长"的恶果，促进本国福利的增长。

第二节　制造业服务化的贸易效应实证分析

一、制造业服务化的贸易效应前人研究简介

从影响路径上说，制造业服务化对贸易的效应表现在促进制造业出口竞争力的提高上。从现有的文献看，一国出口竞争力的衡量方法，主要用显性比较优势指数来表示。美国经济学家贝拉·巴拉萨在 1965 年发表的著作中最早使用这种方法。随后世界银行等国际组织以及许多经济学者都广泛使用 RCA 方法。中国赖明勇等通过计量经济学方法研究了 RCA 与 R&D 之间的关系，得出了"技术创新对机械电气制造业的出口竞争力具有正的影响作用"。陈继勇等计算了美国的 RCA 指数并通过计算出口与专利等变量的回归模型得出，技术创新能力对美国的出口额有积极的影响。喻志军（2009）区分了 RCA 和产业内贸易指数（GL），认为 RCA 适合分析传统的产业间贸易，而对产业内贸易则需要结合 GL 指数进行分析。

在管理学中，学者们常用公司能力或公司核心竞争力来衡量一个组织的竞争能力，并认为知识在创新和公司竞争力的形成中具有重要作用。芮明杰等总结了知识对企业竞争力的关键作用，指出由显性知识和隐性知识构成的企业知识中，显性知识可以用正式和系统的语言表达出来，以数据、科学公式、规格、操作等形式实现共享，而隐性知识深植于行动、过程、惯例、责任、愿景和情感中，无法通过词语、数据或图片来准确描述，很难解释，但它却是建立企业竞争优势的动态能力的基石。而获取隐性知识的关键是从经验中学

习，基于观察、模仿及实践的师带徒制就是一个很好的例子。组织成立后，通过自身的经验来获取更多的知识，其主要方式是"干中学"。芮明杰等还构造了以公司核心竞争力为因变量、组织学习能力等为自变量的函数模型，得出了"公司核心竞争力的本质是隐性知识，公司核心竞争力的形成过程是隐性知识创新过程"的结论。

二、制造业服务化的贸易效应实证方法的思路

这里的思路是工程总承包包含大量的知识密集型中间服务要素的投入和贸易，而知识密集型服务能力的积累和提高可以通过增加研发投入来实现。因此如果能够通过数据分析发现研发投入和电力制造行业出口之间有正相关关系，就可以证明中间服务贸易的确促进了电力企业竞争力的提高，也说明服务化战略对制造企业发展是有利的。

从数据的可获性和代表性上看，RCA 指数可以反映企业出口能力的高低，研发投入指标则用 R&D 投入来衡量。本研究分别通过 EPS 数据库和联合国 cormrade 数据库计算 RCA 指数，再根据历年《中国统计年鉴》取得 R&D 投入等数据，进而考察中国电力设备出口竞争力的水平。同时借鉴了管理学的方法，通过案例来说明隐性知识在增强电力设备行业出口竞争力过程中的重要作用，试图说明电力设备行业出口竞争力的增强，应通过成套设备出口所涉及的设计、安装、调试、维修等环节中的隐性知识的传递和积累，以"干中学"的方式来实现。

第八章　制造业服务化的环境效应

前文说明了环境变化是促使制造业服务化发展的原因之一。本章又把环境效应作为服务化的结果进行讨论，似乎陷入了循环论证。但是，如果我们把时间因素考虑在内，就可以看到这种分析方法在逻辑上是可行的，是符合辩证法关于因果联系的对立统一性原理的。本研究在论述环境变化与服务化两者的关系时，其实是暗含了这样的假设的，环境恶化—服务化—环境改善，即在时间先后顺序上，首先是环境发生恶化这个原因促使制造业向服务化转型，而服务化转型又将促进环境的改善。前文其实是讨论环境恶化—服务化这一对因果关系，而本章将讨论的是服务化—环境改善这一对因果关系。

第一节　制造业服务化的环境效应理论框架

一、制造业服务化的环境效应评估方法

制造企业的结果导向服务和基于产品的服务带来的环境保护效益，应该体现在两个方面：一是提高资源的使用效率，减少对地球资源的消耗；二是减少生产制造各环节的有害排放，降低环境污染。再进一步分析这两种服务策略，就会发现两者之中一个强调了产业链中产品生产制造环节，一个强调了产品的销售使用环节。

二、不同服务类型对环境的影响

服务化的环境效应分析，就是评估服务化活动是否在价值链各个环节发挥了保护环境的作用。但是在展开讨论各个阶段之前，先要阐明几个基本关系：

首先，一般来说价值链各阶段对环境的影响随着产品生产数量的增加而增加。例如钢材的产量越高，钢厂对铁矿石这一资源的消耗也越高；布料印染厂产量越高，对环境的污染物排放也就越高。

其次，产品及其服务对环境的影响不仅与使用数量有关，而且和使用方式或效率有关。使用效率除了和设计密切相关外，还与维修保养服务、操作培训服务的效果紧密联系。比如有经验的高级技工在操作车床时就比非熟练工更节省原材料，成品率高。再比如开车行驶同样距离时，受过良好培训的司机要比缺乏训练的司机更节省汽油。

再次，产品回收活动包括消费环节的重新使用，制造加工环节的重新制造，初步加工环节的再循环等活动，对环境具有双重影响。一方面，它们都可以减少在产品报废阶段、原材料采购、初步制造和加工制造各环节产生的环境影响。原因在于在产品总产量不变的前提下，通过回收利用原产品的部分原材料和零部件进行生产，可以减少对新原料的采购和加工需求；另一方面，回收活动本身也会产生新的环境问题。比如回收产品所需的运输、拆解、再制造等活动都会对环境产生影响。

1. 无物料服务对环境的影响

无物料服务主要指产品售后的服务。售后服务对于拥有较长生命周期的资本品来说是不可或缺的，相关的维护保养、使用培训，可能还包括生产线工艺流程的改进都对环境起到非常重要的作用。

服务化内在地包含了降低环境成本，因而产品服务提供商将主动提供相关服务，以降低成本。例如某种工业设备生产商负责定期向购买设备的客户提供清洁服务，由于清洁服务的成本高低直接取决于设备状况，所以设备提供商将有动力培训客户以更有效的方式使用设备。

2. 基于产品的服务对环境的影响

使用寿命较长的机器设备等资本品，其性能将随时间的推移而逐步下降，而陈旧设备对环境造成的不利影响也将与日俱增。但是设备购买者因为设备的初始投入较大，所以不愿意报废旧设备，而是尽可能延长设备使用寿命，从环保角度看，这样做是不经济的。

因此如果能够降低此类产品的平均使用寿命，那么其环境影响也将相应降低。设备制造商通过租赁服务，将设备出租给客户，而不是销售给客户，可以降低使用者的初始投入，同时出租使用还可以降低产品的闲置时间，提高使用率，因为大型机器设备的使用频率往往呈现周期波动，而租赁方式则可以加速对产品的使用。设备制造商在收回资金后，就可以设计更先进的、对环境的污染更少的设备。同时设备使用者也可以获得性能更好的设备，减少了损耗，从而进一步降低对环境的不利影响。

但是，租赁服务的发展在很大程度上需要依靠二手交易市场最终吸收使用过的产品。例如 IBM 的笔记本电脑因具有良好的安全性和强大功能，而在商务人士中拥有很好的口碑，出于对商业数据资料的保护，一些大型跨国公司常常批量购买 IBM 笔记本，同时对价格并不敏感。但是每当 IBM 推出新款产品时，为了提高工作效率，这些大公司又会及时地为员工升级换代。淘汰下来的笔记本虽然性能不如新款产品，但仍然非常坚固耐用，能够满足家庭使用的需求，所以 IBM 笔记本成为二手笔记本市场上最受欢迎的产品。

3. 结果导向的服务对环境的影响

结果导向服务通过减少产品、原料和能源的使用满足顾客需求。因此这种服务可以在价值链各个环节（包括回收利用金属、塑料、纤维等原材料，重新加工制造使用过的零部件或把拆解下的部件组装成新设备，或者简单地抛光产品重新销售等）减轻对环境的不利影响。

结果导向的服务取决于产品的耐久度、服务的质量，以及产品使用的效率。产品的耐久度提高了，就可以延长产品的生命周期，从而减少对产品的使用量。服务质量越高，对原材料的使用就越经济。而产品使用效率的高低将决定满足同样服务所需要的产品数量多少。

但是，结果导向服务的实施也需要一些必要条件。除了在定义中提到的服务合约外，在实践层面，对产品的回收更多地用到逆向物流，这种物流与人们所熟悉的从新产品出厂直到把报废产品送到垃圾的物流正好相反。需要注意的是逆向物流活动也会对环境产生不利影响，但总的来说，比生产新产品的影响要小。

4. 生态设计服务对环境的影响

把产品设计得更加有效或污染更低，已经成为立法或行业标准中普遍采用的原则。如欧盟制订的与汽车有关的"欧亚排放标准"，与耗能有关的"EuP指令"等。虽然生态设计可以从价值链的源头上解决问题，但是对制造商实力要求也比较高。要想使制造企业真正有动力增加环保研发投入，必须使制造商自己承担产品及其服务所造成的环境成本。

举例来说，传统的制冷设备制造商通过销售设备获取收益，顾客通过购买设备获得冷冻服务。在制造业服务化模式下，制冷设备制造商自己保有制冷设备，而向顾客直接提供制冷服务，并按服务提供量收取等量费用。这样一来，制冷设备的能源消耗成本就由消费者转移到了生产者身上，而制冷设备通常是能源消耗大户，因此这部分成本将构成服务费用的主要部分，在竞争性的市场上，为了降低服务价格，制造商就会有动力改进产品设计，减少能源使用量，从而减轻对环境的不利影响。

第二节　制造业服务化的环境效应——以化学行业为例

一、化学品管理服务在化学行业的广泛应用

化学品制造业，是利用物理和化学原理，通过工程相关设计，将自然界的原料转换成各种产品的产业。知识经济的发展使得化工产品的价值中知识比重不断增加。以塑料产品为例，塑料袋的单价非常低，但是同为塑料，锂电池中所使用的电池隔膜，由于技术含量非常高，毛利率高达70%以上，而普通化工制品的代工利润则很难达到10%，甚至达不到5%。

在工业用化学品的交易中，买方并不是为了获取化学品本身而采购，而是为了获取化学品所具有的清洁、保护或润滑功能。因此在化学品管理服务模式中，传统化学品生产商转型成了相关服务的提供商，并在与客户互动的过程中削减成本，减少化学品使用量和废物排放，同时提高资源的使用效率。本节将通过对化学品制造业实施化学品管理服务的分析，说明服务化的成本节约效应和减少对环境的污染排放的效益。

根据上节的定义，化学品管理服务可以归为结果导向的服务类型。服务化正重新定义化学品的采购、保管和使用。对于实施服务化的制造企业来说，企业的经营原则已经从传统的"多即是好"转变为"少即是好"。也就是说，从传统的依靠化学品的销售量获取收益的模式转向减少销售的同时增加服务的模式。当然这种转变并非受到所有化学品生产商的欢迎。因为帮助客户管理化学品所用到的知识和技能，与生产和销售化学品时并不相同。此外，服务化还意味着企业面临战略改变、时间投入和商业风险。因此，要想正确评估化学品管理服务对环境的影响，就要对化学品使用所涉及的各种成本进行深入分析。

二、化学品管理的成本节约和减排效应

（一）化学品管理的成本构成分析

一般而言，原材料价格是构成企业产品成本的主要因素之一。但与化学品本身的购买成本相比，产品售出后相关管理服务的成本要大得多。沃塔等通过对美国汽车制造商和国防部的调研发现，化学品管理成本与化学品购买成本两者的比值在 5∶1 到 10∶1 之间。当然不同行业，不同使用环境下，这一比值会有不同，但没有一个使用者可以忽略化学品管理的高成本特征。

具体来说，首先化学品的购买和其他产品一样涉及采购、交付、检验和仓储成本。但是由于化学品的特殊性和管理制度的严格要求，这些环节的成本要比普通产品高得多。比如在采购环节，许多购买者会对化学品提出特殊要求，如较高的纯度或是耐热性等，这些要求需要生产商给予特别处理，而且需要销售和采购人员掌握更多的专业知识。在运输环节，由于严格的管理制度要求，化学品的运输常常涉及特种运输工具的使用，甚至要专门制定物流方案。在仓储环节，管理方常常要应付各种安全检查，注意天气变化，以及安全防范工作。做好这些环节的工作都需要高成本支出。

其次，当完成化学品购买，在入库前，用户还需要准备大量资源以应对各种监控、追踪、汇报、培训和无害化处理工作。此外还可能涉及公关与建立企业形象等方面的投入。在化学品入库后，又需要投入另外一波资源。因为化学品的使用涉及特殊设施的操作，因此相关操作人员的培训和设备投入也构成管理成本的一部分。在化学品的使用过程中，产生的工业废弃物要做无害化处理，并妥善搜集、保管、运输到回收场所，这些都要资源投入。

最后随着对化学品储存和使用量的增加，上述各项资源投入的压力也将相应增加。当用户扩大生产规模时，化学品的各种相关设施与设备也要相应改造或新建。而这些改造或新建项目也需要满足严格的监管规定，如遇到事故时的各种应急反应措施的演练和培训等。

通过化学品管理成本的构成分析，可以看出，化学品管理成本的确涉及企业经营管理的方方面面，远比普通产品要复杂。但化学品管理远非这两项这么简单，接下来还涉及三个不同的层次。而随着相关层次越来越深入，将会给化学品用户特别是新用户带来的问题是，往往因为这些成本较为隐蔽，而忽略了必需的关注和投入，从而为生产带来隐患，也

对环境造成不利影响。

（二）化学品用户在节约成本方曲存在障碍

在传统制造与销售模式下，上述各项成本主要由购买者承担，因而购买者当然有动力想方设法降低相关成本与费用。从逻辑上讲，降低成本的方式有两种：一种方式是提高化学品管理效率，包括提高化学品采购过程的效率，减少库存，使数据资料统计更准确等；另一种方式是设法减少化学品使用量。这是最为有效地降低成本的途径，因为它不仅可以降低采购过程的成本，还可以降低较为隐蔽的层次的成本。

我们可以比较直观地认识到各个层次的化学品管理成本，似乎可以按照上述逻辑推导出削减成本的方式。但从实践操作角度看，降低成本并非易事，具体来说，化学品使用者在降低成本问题上会面临三方面的障碍：（1）得不到管理层的充分重视；（2）缺乏所需的专业知识；（3）买方与卖方的激励机制相互矛盾。

首先，化学品管理并非购买企业的核心业务。以汽车产业为例，购买化学涂料的目的是满足汽车生产的需要，与汽车制造相关的工艺、技术才是汽车制造企业关注的核心。与汽车生产环节相比，化学涂料的相关管理属于汽车产业链的附属环节，在既定企业资源的约束下，化学品的相关管理自然在企业运营中处于次要位置。

其次，化学品管理需要丰富的专业知识。在生产分工日益细化的今天，化学品管理方面的专业知识和技能并非化学品用户的强项。虽然缺乏专业知识并不意味着造成安全事故，但是肯定会造成效率损失和使用量的上升，从而导致成本上升。例如，由于缺乏相关知识，在化学品使用完毕后进行无害化处理时，可能会耗费更多的清洁剂，或者现有的化学品操作设施由于不能很好地与生产工艺相配合而效率低下，但用户不能自行改进。当这些成本在化学品用户总成本结构中占有较小部分时，专门设立相关岗位聘请全职化学专家或采购专家是不划算的。但是这种效率损失和成本升高必定会对环境造成不断的损害，在环境保护变得日益重要的今天，我们有必要设法改变现状。

再次，传统的化学品供求关系中，买卖双方的激励机制是相互矛盾的。这也是传统制造模式与制造业服务化模式的关键区别之一。传统化学品生产商是通过销售有形的化学品来获利的，所以生产商有动力尽量增加化学品的销售量；而与此相反，化学品使用者为了降低成本，则会尽量减少化学品的使用量。正是这种传统产业模式下的不相容性导致了双方关系的紧张或矛盾。在这种情况下，卖方将没有动力向买方提供额外服务，而买方对于卖方的任何新营销手段都会持一种怀疑态度。根据结果导向的服务发挥作用的条件是双方建立紧密的互信关系。我们可以知道，在传统产业模式下，化学品管理服务将无法顺利开展，而这又将导致效率损失和成本上升，最终危害到环境。

（三）生产商实施化学品管理服务的优势

1.化学品制造业服务化的概念以及与服务外包的联系与区别

化学品制造业服务化的过程，就是化学品生产商通过向购买者提供化学品管理服务的方式，所涉及的各项成本的承担者由购买者转向提供者的过程。在这个过程中，化学品管理服务逐渐从传统销售和经营模式中分离出来，与化学品一起构成一个化学产品服务系统。

需要说明的是，化学品管理服务通常由实施服务化的生产商提供，但是也可以由配备了专业人才和设备的服务公司来提供，而此时化学品管理就已经从制造业中独立出来，成为服务业的一种新的分支了。而我们如果站在化学品使用者的角度看，如果使用者将精力集中在自己的核心优势环节，而将化学品管理分离出来交给外面的专业服务公司来负责的话，这就是大家所熟悉的"外包"行为，而这种行为的实质又可以用"产品内分工理论"来解释。但我们也应看到在制造业领域，要顺利实施化学品管理服务远比将相关工作委托给除买卖双方以外的第三方的普通外包要复杂，需要满足一些特定的条件。

2. 化学品制造业服务化的实施条件

从上面的分析可以看出，化学品购买者将化学品管理服务交给生产企业的行为也可以算作广义的外包行为。但是要想使这一模式顺利实施，必须满足两个条件：（1）服务提供者必须有动力降低化学品使用并提高使用效率；（2）这种服务应该具有可持续性，能够精益求精。

在传统制造模式下，由于买卖双方的经营目标不同，双方的交易关系中存在难以解决的矛盾。而在服务化模式下，卖方作为化学品生产商，拥有丰富的专业知识和技能，因而在化学品管理上的经验要比买方丰富得多，卖方可以通过收取服务费的方式获得收益，因此卖方就有动力提供更多的服务，为了在竞争中胜出，卖方将研究新技术和新方法使化学品管理更有效；而作为买方，由于管理服务可以降低各类使用成本，提高效率，从而可以集中精力从事自己擅长的产品制造，因此也愿意接受卖方提供的服务，并鼓励卖方开展更好的服务项目。这样买卖双方之间的关系就形成了良性循环，既提高了双方的总收益，又因化学品使用量的减少和使用效率的提升，以及危险事故的减少而带来很高的环境效益。

第三节　制造业服务化的环境效应案例分析

一、化学品生产商的服务化案例

（一）PPG 工业集团的案例

PPG 工业集团始建于 1883 年，是一家化学涂料生产商，总部位于美国宾夕法尼亚州匹兹堡市。20 世纪 90 年代，该公司的客户——汽车制造商克莱斯勒公司，因为面临日益增加的成本和严格的环境管制而要求 PPG 帮助其减少涂料的用量。

面对这一要求，PPG 决定帮助克莱斯勒实现其减少涂料使用的目标。因为 PPG 的经理们认识到，汽车制造商们减少涂料的做法将是大势所趋，PPG 要么顺应潮流，知难而进，要么就只能眼睁睁地失掉现有的客户。因此PPG管理层决定把握时机，尽快实现转型，通过向客户提供化学品管理服务，帮助客户减少涂料使用，削减成本，以赢得客户的信任。

根据PPG的服务化模式，PPG将向客户的工厂派驻现场代表，该代表将担负起工厂的化学品管理职责。管理内容包括化学原料采购、运输、存货管理，以及一些常规工作。通过提供这些服务，PPG帮助克莱斯勒减少了化学原料的使用。而且最早的PPG和克莱斯勒合作模式，后来逐渐为行业中的其他企业所接受，因而成了行业标准模式。克莱斯勒甚至要求PPG把这种服务模式传授给其竞争对手如杜邦（DuPont）公司和巴斯夫（BASF）公司，而PPG也答应了客户的要求。在传统制造模式下，把核心技术传授给竞争对手是不可想象的，因为这意味着失去竞争力。而PPG却认为，把化学品管理服务方法传授给竞争对手，既可以进一步赢得克莱斯勒这一重要客户的信任，而且传授过程本身也是一种服务。PPG的这种做法是非常高瞻远瞩的，因为在服务化战略实施初期，通过推广其服务模式可能使推广者本身成为标准的制订者，而日后随着使用这种模式的企业数量不断增加，PPG就可以从培训服务本身获取收益（例如收取培训费用），从而开创新的营利模式。这才是真正的创新之道。

（二）Gage产品公司的案例

位于美国密歇根州的芬代尔的Gage公司创立之初是为壳牌石油公司专门供应特种化学品的分销商，但后来转型生产汽车喷漆过程中使用的各种化学制剂。由于Gage所生产的产品具有比较特殊的化学特性，因此他们长期以来就认为，积极参与其客户的喷涂车间的涂料管理工作是非常有必要的。Gage公司的员工会定期赶到客户的装配工厂，向客户就颜色调配、新工艺设备的使用，以及特殊产品的使用等问题提供咨询意见。最终，Gage产品公司的付出得到了回报，客户不仅把他们当作涂料的生产商而且当作颜色调配专家。

Gage由传统制造向制造业服务化模式的转折点，是从其新发明的一种叫Cobra的产品开始的。这种产品能够以更加环保的方式清洁生产线上的喷涂设备，Gage意识到他们应该以一种与常规产品完全不同的销售模式去推广这种产品，也就是说公司需要积极地参与客户生产现场的管理工作。

作为Gage的客户之一的克莱斯勒公司正面临日益严峻的环境监管问题。于是，为了帮助克莱斯勒公司满足环境法规的要求，Gage公司开始在销售这一新产品的同时，积极地承担起相关管理工作。在Gage公司的努力下，克莱斯勒公司能够以非常高效的方式清洁其设备，并减少了Cobra的使用量。1996年，克莱斯勒下属的一个汽车装配厂非常担心他们到年底时无法满足环境保护署的污染排放标准。但在Gage的帮助下，其挥发性有机化合物VOC的排放量比原来减少了1.5倍，避免了被强制安装昂贵的净化设备。此举所收获的经济效益和社会效益都很大。

二、实施服务化的障碍

虽然服务化能带来种种好处，但是向服务化制造模式转变的过程并非一帆风顺。从企业层面来说，这一转变对产品生产者和购买者都存在不小的挑战。因为要让一个产品生产商突然间转变经营模式，去帮助客户改善管理，并减少对该公司产品的购买，需要的是整个公司理念的变革。

对卖方来说，对服务化转型抵触最大的往往是其销售人员。以 Gage 产品公司为例，销售人员的佣金直接与产品销售量挂钩，削减产品销售量也就影响到了他们的利益。一位 PPG 公司的经理说道："我们着重强调的是，服务化是一次公司文化的转变。作为供应商很难使客户相信，你真的想帮他们减少对你产品的使用"。

对买方来说，服务化也不是一件容易的事。首先对管理层来说，把自己公司的部分管理权拱手交给别人的确是一个不小的挑战，这比把产品的某个制造环节外包给别人加工要复杂得多。管理服务将影响到用户公司的整体管理战略，并需要复杂的协调过程。

其次，减少产品用量有时还意味着公司的生产工艺流程和管理制度的改变，这种改变将直接影响处于生产线上的工人，工人配合程度将直接影响到管理服务的实施效果。前文所提 PPG 和 Gage 公司派驻到客户工厂的专家就经常面临工人的非议。

总的来说，制造业服务化的环境效应表现在两个方面：减少各类自然资源的使用，从而节约成本；减少各类污染物的排放，从而降低环境污染。

随着对经济生产活动与自然环境之间关系的认识不断深化，人们发现制造业的成本负担不仅局限于新产品的生产过程，而且还涉及已经生产出的产品的维修、保养等。后来，又进一步发展到从设计环节开始就要考虑节能减排、便于回收等问题，直到加工制造、销售、使用、报废各个环节都会对环境产生影响，相关成本都要考虑在内。美国、欧盟等纷纷制定相关的环保标准，要求制造商的产品必须满足节能、环保的要求，否则就无法进入市场。日益增加的成本压力，使制造商力图减少各类资源投入和有形产品的供给，增加无形服务要素的投入和供给，在满足需求的同时降低成本。

为了更具体地说明问题，本章介绍了化学品制造行业服务化的情况。通过分析我们看到由于化学品的生产、管理和使用涉及多方面的专业知识，使用者在降低成本、节能减排方面存在实施障碍。因此由生产商提供化学品管理服务能够产生更好的经济和社会效应。

最后借助具体的案例，从实证角度进一步阐明了上述观点。并且指出，制造业实施服务化将遇到经营理念、人员管理、客户接受度等方面的挑战。

第九章 发达国家制造业扶持政策

2008 年金融危机发生后，发达国家认真反思金融系统过度"杠杆化"带来的风险，为谋求宏观经济获得新一轮增长的动力。自 2009 年以来，美、欧和日本等主要发达经济体为应对危机采取的措施从短期救助措施转变为制订长期宏观经济刺激政策。为应对市场需求的萎缩和投资信心的不足，发达国家决策层积极谋求在重大科技领域取得突破以提高产业创新实力，从而提升实体经济竞争力，以促进经济的复苏。在此背景下，欧美国家提出了"再工业化"战略，重新强调制造业在经济中的重要作用。"再工业化"思想与制造业服务化现象之间的互动关系、指导理念与实施效果需要我们密切关注。

第一节 美欧主要国家"再工业化"战略与制造业转型

一、"再工业化"的提出背景及产业发展思路

2009 年以来，欧美国家总结国际金融危机教训，针对 20 世纪 90 年代"去工业化"发展模式的不足，提出了"再工业化"战略。所谓"再工业化"指的是通过政府帮助、税收激励，借助现代化技术改造传统工业，鼓励新兴工业部门增长，以实现工业和工业社会的复兴。

以美国为例，美国的产业结构呈现出典型的虚拟化特征，整个经济的发展对服务业的依赖度较高。这种产业结构在全球经济繁荣的时代为美国带来了大量的高额回报，同时也使它对贸易赤字的容忍度较高。但随着金融危机的爆发，不仅金融机构受到严重冲击，不良影响还逐步传导，危机从虚拟经济影响到了实体经济，传统的应对实体经济危机的宏观管理政策一度失效。

2008 年全球金融危机的爆发引发了奥巴马政府对现有产业发展战略的深刻反思。相关决策者认为，无论产业保护战略还是自由放任战略都是不成功的。自由放任战略主张政府削减关键的项目研发支持，希望市场自己解决问题。但是，这种方法不仅导致过去十年间工作岗位流失，而且严重威胁到美国在未来十年的潜在创新能力的培育；保护战略认为政府应该把制造业保护起来使其免遭外部竞争。而这不仅不起作用，反而产生了副作用。为了解决全球经济失衡和经济增长乏力的问题，美国政府决定把制造业振兴作为重要战略

步骤。奥巴马总统在讲话中明确指出，想实现经济强劲和稳定地增长，就必须使制造业强劲和稳定地增长。在这一指导思想下，政府出台了一系列政策措施，力图重振美国制造业。奥巴马政府是"再工业化"战略的积极支持者，具体是通过一套所谓"重振制造业"的框架机制加以实施的。从 2009 年年底到 2011 年 12 月，该框架机制从理论上的准备，到法律保障，再到政策措施，直至实施平台的建立，经历了逐步完善的过程。根据该战略，政府对新材料、机器人、先进制造技术、清洁能源制造、网络通讯基础设施等领域提供了从几千万到几十亿美元不等的财政拨款和税收优惠政策。

除美国外，欧洲国家也纷纷提出本国的"再工业化"战略，如：法国政府筹资 2 亿欧元直接向制造企业发放"再工业化"援助资金；英国出台了"制造业振兴""促进高端工程制造"等举措；德国也有很多学者和企业家主张以"再工业化"来摆脱金融危机的不利影响，建议德国率先启动新一轮工业化进程并将其作为德国的一项长期战略。

波士顿咨询集团 2011 年的一项调查显示，在接受调查的工业行业经理人中，超过 1/3 的经理人打算或正考虑将公司生产业务从中国迁回美国。调查样本只包括年销售收入超过 10 亿美元的美国公司。收入超过 100 亿美元的美国企业中有约 48% 的企业表示愿意迁回美国。波士顿咨询集团估计，回迁可能为美国带来 200 万~300 万个就业机会。这一过程才刚刚开始，几年后有望达到高峰。

在后危机时代，"再工业化"这一概念再度流行，其背后体现了显著的时代特征：第一，强调了政府的积极作用；第二，说明了制造业在重振经济，保障就业的重要性；第三，重视现代化技术的重要作用；第四，制造企业只要带来就业增加，资本回流就能获得政府扶持，但当前的扶持政策并未考虑到不同行业与技术之间的联系，各类鼓励政策间缺乏协同性。

二、美国制造业面临的困境

尽管美国决策层对制造业寄予厚望，但美国制造业的地位堪忧，对美国经济复苏造成了不利影响。制造业在美国经济中的比重在日益下降，从 1957 年占 GDP 的 27% 左右，下降到 2009 年的 11% 左右。制造业就业岗位的数量从 1998 年的 1760 万下降到 2010 年末的 1160 万，其中许多岗位都通过外包转移到了海外。

尽管美国制造业在国民经济中的比重相对较低，但在整个经济中仍然占据着重要的地位，具体体现在以下几个方面：

（1）绝对规模仍然超过许多发达国家，2008 年美国的制造业总产值为 1.4 万亿美元，在全球排名第九，与加拿大经济总量大致相当。

（2）制造业对美国经济的拉动作用很大。据美国制造商协会估计，每 1 美元价值的制造品将带来额外 1.37 美元的附加价值，这比任何其他经济部门都大。

（3）平均每小时报酬相对较高，就业结构高于平均水平。美国国内制造业的报酬是平均每小时 32 美元，比服务业高 22%，福利条件比其他行业更好。从就业结构来看，制造业的工作更有利于消除性别和种族歧视，因为其妇女就业比例和少数族裔就业比例都高于平均水平。制造业还显著促进了其经营地的地方经济发展。报告还指出了制造业工作岗位的减少导致的社会问题。

（4）制造业外迁对地方经济将产生不利影响。随着生产活动减少，转出地的经济增速将会下滑，人口减少，住房增速减缓，贫困率上升。地区经济转型的过程将非常缓慢，而且非常不彻底，甚至数十年以后都难以恢复。大型工厂的离开是造成地区就业下滑的重要原因。

（5）制造业工作岗位减少将对工人产生严重的不利影响。工人失业将导致长期收入损失，尤其是随着制造业就业数量的持续减少，这一不利影响变得更加严峻。失业工人的死亡率也比不失业者高。失业还具有跨代影响。研究发现，失业工人的子女就业后的收入也比较低。

但是过去十年来，美国经历了持续的制造业"实体"活动的大量外移，通过对外直接投资和外包方式将大量耐用消费制成品和中等技术的机械设备生产转移到了亚洲经济体，导致美国本地制造业岗位的逐步较少，本地产值相应地处于萎缩状态，这种状况亟待改观。在美国政府"再工业化"战略及相关政策的影响下，已经有一些大型跨国公司做出了响应，有的企业已经开始将生产设施回迁至美国，而有的企业表示开始考虑这么做。

三、再工业化战略涉及的重点产业

作为长期以来高新技术产业发展的领先者，面对部分行业创新竞争力相对下降的现状，美国政府在此次制造业重振战略中高度重视未来影响世界经济的技术领域，在相关研发领域加大投入，对新兴技术的开发与产业化发展增加培育和资金支持力度。

四、美国的创新战略对制造业的影响

如果说"再工业化"战略是直接针对制造业的制造环节的优化升级方案，那么创新战略则对服务环节，特别是增加了人力资本的投入，以促进知识密集要素的培育。

（一）创新战略出台的背景

2009 年 2 月，位于美国华盛顿的智库信息技术与创新基金会（ITIF）发布了名为《大西洋世纪》的报告。报告根据人力资本、创新能力、企业家精神、IT 基础设施、经济政策和经济表现等六大方面的 16 个指标对全球 40 个国家的创新与竞争力进行了排名。出人意料的是，通常被认为是全球创新与竞争力领导者的美国却不尽如人意，2009 年只排在第 6 位，落后于新加坡、瑞士、卢森堡、丹麦和韩国。更引人注目的是，从 1999—2009 年的进步速度来看，美国竟然排在第 40 位，远远落后于排在第 1 位的中国。报告认为，这一数据说明近年来其他国家比美国更快地向以知识为基础的创新经济迈进。报告呼吁，华盛顿的政策制定者们应该认识到，不能想当然地以为单纯依靠市场就可以确保美国的世界领先地位，不能因为美国过去没有经济战略所以现在也能一切照旧。鉴于其他国家都在积极制定国民经济发展或竞争战略，美国也应该制定自己的经济战略以应对他国竞争。

2009 年 9 月，奥巴马政府公布了《美国创新战略》，提出了美国政府在创新问题上的政策框架。2011 年 2 月，白宫又公布了新版的创新战略，题为《美国创新战略：确保我们的经济增长与繁荣》。

（二）创新战略政策要点

为了实现以创新促进可持续增长和高质量就业的目标。《美国创新战略》提出了三大相互依存的政策框架，依次是：强化创新要素培育，促进市场竞争激发创业，催生重大突破。

1. 完善教育体制和基础设施建设，强化创新要素的培育

美国重视从幼儿园到大学和研究所的教育体制建设，为创新培育必需的人力资本要素，特别着重培养学生在科学、技术、工程和数学等理工科取得成绩。另外，在环境建设方面，美国的战略目标是提升其在基础研究领域的领导地位，加大对研发活动的资助。奥巴马提出：将相当于 GDP 的 3% 的科研经费用于研究领域；加大对公路、铁路和机场的投资，提升交通基础设施的水平；成立国家基础设施银行（National Infrastructure Bank），以促进竞争和创新；开发先进的信息技术生态系统。可见，美国政府正致力于构建一个"虚拟基础设施"（Virtual infrastructure），包括提供高速互联网，电网现代化改造，增加无线宽带接入途径，以及保障网络空间安全等措施，为美国经济提供支持平台。

2. 营造完善市场环境，以公平高效的市场竞争来激发创业

美国政府计划对研究和实验税收的减让手续予以简化并永久化。美国 2011 财年预算报告中建议未来 10 年对研发增加 1000 亿美元投资；对创业活动提供支持。奥巴马总统扩展了对小企业的贷款支持和税收减让；改革专利申请制度，从而加速专利发布速度；通过建立创新中心（innovation hub），将有才能的科学家和企业家聚集在一起以支持尖端领域的创新；促进创新性、开放性和竞争性的市场建设；通过对横向并购指导方针（Horizontal Merger Guidelines）的修订，将创新作为反垄断评估的强制性考虑因素。通过美韩自由贸易协定等措施扩大美国创新企业的出口市场。

3. 鼓励重大领域的突破

为提高能源使用效率，美国政府开展了清洁能源革命。到 2035 年，使来自清洁能源的发电量达到全国电力的 80%。通过设定较高的能效标准，促进制造业技术革新。如奥巴马在 2009 年 10 月签署行政命令号召到 2020 年将联邦政府车队的油耗降低 30%；2012 财年总统预算报告中，对汽车技术的资助增加了 90%，达到约 5.9 亿美元，并加强了税收激励；对电池、电力驱动装置、蓄能装置等技术的研发予以资助，能源部高级研究计划局（ARPA-E）对能够单次充电行驶 300 英里的电池技术提供贷款支持。

促进生物技术、纳米技术和先进制造技术的发展。政府增加对主要疾病 DNA 序列测

定的资助，增加对有潜力的纳米技术领域的投资。在先进制造业方面，2012 财年预算增加了对国家科学基金会（NSF）、国家标准技术研究所（NIST）实验室、能源部科学办公室、国防部高级研究计划局（DARPA）等重要科研机构的投资，以确保美国在先进制造技术领域的领导地位。

促进空间应用技术的突破。主要是对下一代飞行器的开发以及国际空间站的相关技术创新，新一代全球定位卫星和服务的应用。促进医疗技术的突破，包括扩展信息技术在医疗领域的应用，鼓励医疗技术和医疗服务方面的创新。促进教育技术的飞跃，通过筹备教育部高级研究计划局，加快教育技术的转型和商业化。

（三）创新战略涉及的产业

从产业分类来看，与前两大战略不同之处在于，美国创新战略对服务业的着墨更多，如培育有创新要素的教育行业，有着重大应用前景的医疗卫生行业，是重要创新机构的政府研究部门等，都在该战略中有所涉及。

总之，从产业结构上看，重振制造业战略与创新战略相互呼应，构成了美国未来产业结构转型的政策框架和指导方针。这说明，美国决策者已经意识到，在新一轮科技革命的影响下，未来的制造业发展离不开制造环节与服务环节的密切配合。因而在知识密集要素的供给上积极布局，企图占据未来产业格局的优势地位。然而，这一战略框架是否能够得到有效落实，其实施是否能够达到预期效果，仍然有待时间的检验。

第二节 欧盟的创新战略及知识要素的培育

全球金融危机对欧盟国家的经济社会发展造成了严重危害。欧洲各国政府纷纷出台了一系列经济救助措施，力图降低经济衰退的不良影响。但是由于欧盟国家缺乏财政货币政策上的深入协调，没有类似央行的机构扮演最终贷款人的角色，因此政府救助措施又不可避免地导致了欧债危机的爆发。

一、欧盟创新战略出台的背景

从产业结构的角度看，欧债危机的内在原因是部分欧盟国家产业结构不均衡，过度依赖第三产业，制造业竞争力不强。通过对比葡萄牙、爱尔兰、希腊、西班牙、意大利、法国、德国、英国、美国和中国的三次产业增加值及其占 GDP 的百分比就可以发现，前五个发生债务危机的国家的第三产业与其他发达国家一样都对经济有着重要的贡献，但是第三产业的发达并不意味着该国产业结构的高级化，在欧债危机中没有起到使该国经济免遭外部冲击的作用。

希腊经济的支柱产业包括旅游、海运、农业等，这些产业体现出鲜明的周期性，以至于在金融危机中受到重大冲击。2009年，来自欧美地区的游客数量分别比上年减少24.2%和19.3%。希腊旅游业总收入下降13.3%，海运业收入下降31.3%。希腊这种严重依赖外需的经济模式难以抵挡危机的冲击，导致政府财政收入锐减，失业率上升，为主权债务危机的爆发埋下了隐患。

在爱尔兰的经济结构中，房地产占有重要地位。据统计，2002年爱尔兰空置房屋数达14万套，2005年增加到23万套，2006年4月达26.6万套，2008年更达到约35万套。危机爆发加速了爱尔兰房地产泡沫的破灭，金融机构受到影响，而政府为了救助金融机构又导致财政恶化。调整产业结构，消除房地产泡沫崩溃后带来的不利影响成为爱尔兰今后面临的长期任务。

西班牙的旅游业和房地产业是国民经济的支柱性产业。但在此次危机的冲击下，旅游业疲软，急剧增长的房地产泡沫更是突然破裂，给西班牙经济造成了巨大影响。据统计，1995—2006年，建筑业占西班牙GDP的比重从7.5%增加到12%，即使在2009年，建筑业占GDP的比重仍然达10%以上。2007年建筑业投资占GDP比例达15.7%，而美、德、法、英和意大利等国只占9%左右。有识之士指出，西班牙这种"砖头加水泥"式的增长方式亟待转变。

葡萄牙国民经济的支柱产业仍然以纺织、制鞋和酿酒为主，工业基础相对薄弱，高科技产业刚刚起步。中小企业的科技创新能力不强，在国际市场上缺乏竞争优势，难以抵御外国产品的竞争。

意大利是欧元区第三大经济体，其经济却长期低迷。2000—2010年世界经济高速增长，但意大利年均经济增长率只有0.6%（俞靓，2011）。以中小企业为主的经济结构竞争力不强，劳动生产率提高速度相对缓慢，21世纪头十年，美国的劳动生产率上升了20%，英国上升了10%，而意大利仅增长了5%。2011年10月上任的欧洲央行行长马里奥·德拉吉指出，意大利经济需要进行彻底的结构性改革。

为了帮助和指导成员国完成产业结构转型，欧盟委员会在2010年3月公布了《欧洲2020——智慧可持续包容增长》战略。在这份战略性文件中，欧盟的政治精英们提出了未来欧盟国家的经济发展蓝图。

二、通过创新战略培育知识要素

《欧洲2020》战略是欧盟委员会继里斯本战略后第二个十年战略规划，时间跨度从2010—2020年。该战略首先确立了欧盟未来发展的三大发展重点，明确了五大具体目标，最后提出了达成上述发展目标所需的七大政策倡议。

欧洲国家的经济结构面临三个方面问题：一是由于对研发投入不足，导致的生产率低于其他竞争伙伴；二是就业率低于世界其他一些国家；三是人口老龄化正在加速，导致劳动力供给减少的同时对福利制度产生较大压力。针对这些难题，《欧洲2020》确立了以知识型、低碳型、高就业型经济为基础的未来十年欧盟经济增长的新模式，以知识创新、教育和数字化社会为基础的灵巧增长（smart growth）建设创新型联盟（Innovation Union），把创新作为欧盟经济未来发展的重要动力，提出了未来需要实施的三大发展重点，即智慧增长、可持续性增长和包容性增长。其中包容性增长强调了经济成果的辐射性和共享性，这里详细介绍与产业结构关系更密切的智慧增长和可持续增长。

智慧增长，基于知识和创新的经济增长。智慧增长是指通过加强知识和创新为经济发展提供推动力。这就需要提高教育质量，强化研究效能，促进创新和知识在欧盟中的转移，充分利用信息通讯技术确保创意能够及时转化为产品和服务，从而促进增长，并帮助解决欧洲和全世界面临的社会挑战。

可持续性增长，实现资源高效型的、更加绿色和更具竞争力的经济。利用欧洲的绿色技术领先者的地位进一步开发新工艺和新技术，包括智能电网的铺设，增加企业竞争优势，特别是中小制造企业的优势。使欧盟经济变得更加低碳、环保，防止环境退化、丧失生物多样性；促进经济复苏，增强社会和地区间的内聚力。

智慧增长和可持续增长则预示着欧盟产业结构调整的方向：一是强调知识要素的培育和积累，以知识要素为基础促进创新，从而带动新兴产业的发展；二是强调可持续性，新兴产业一定是更加绿色环保，更加具有能源效能的产业。

三、欧盟的创新战略涉及的产业

与美国产业战略不同，《欧洲2020》战略并没有详细列举重点扶植的目标产业，其产业政策更侧重于经济基础设施、教育、就业、老龄化和贫困化等社会和民生领域。从上述文件内容看，相关的产业包括信息通讯产业，其中特别提到了高速互联网产业、电动汽车、交通基础设施、智能电网，以及与创新和研发有关的教育培训业，与老龄化和社会保障有关的医疗产业。

第三节　日本产业结构与扶持政策分析

一、日本产业结构现状与问题

从三次产业占总产出的比例看，20世纪末，日本制造业比重呈下降趋势，服务业比重呈上升趋势。工业产出占GDP的比重从1995年的34%下降到2009年的28%，其中制造业比重从1995年的23%下降到20%。服务业占GDP的比重从1995年的64%上升到2009年的71%。

从制造业增加值的内部结构上看，高端制造业增加值占比呈上升趋势，而低端制造业增加值占比呈下降趋势。如机械与运输工具行业占比，从 1998 年的 33% 上升到 2009 年的 37%，化学品行业从 1998 年的 10% 上升到 11%；纺织和服装行业占比从 1998 年的 4% 下降到 2%；食品、饮料、烟草行业占比维持 11% 未变；其他制造业占比从 42% 下降到 39%。

从对经济增长的贡献度上看，制造业仍然发挥着重要作用，服务业发展迅速。2000—2009 年，日本 GDP 年均增长率为 1.1%，但同期制造业的年均增长率却达到 2.8%，快于工业平均增长水平 1.7%，也快于服务业的 1.5%，更快于农业的 0.3%。另据日本经济产业省统计数据，2001—2007 年，整个日本制造产业的经常收益增长了 25.2 万亿日元，其中运输机械、电气机械、钢铁和一般机械等四个行业合计占整个产业增量的 36%。

2007 年度 1748 家上市企业的海外营业利润合计 7 万亿日元，其中以中国、东盟、印度为中心的亚洲市场（3.716 万亿日元）第一次超过了美洲市场（2.2342 万亿日元）。亚洲的营业利润 3.716 万亿日元的 84.8% 是制造业带来的，说明制造业仍然居于支柱地位。近年来，生产性服务业发展较快，金融保险、运输通信等行业成为带动服务业发展的主要力量。教育、医疗、社会保障等行业增长迅速，但是以服务产业为主体的非制造业对整体营业利润的贡献度还很小，因此作为被寄予厚望的服务业面临尽快建立高附加值的商业模式的任务。

日本经济当前面临的主要结构性问题有：（1）因税负较高，以及公共服务价格较高，导致企业经营成本较高，对外资缺乏吸引力；日本产业空心化，总部经济难以发展。（2）金字塔式生产模式优势减弱，受到来自欧美的更加灵活且低成本的模块化生产模式的挑战。（3）重应用、轻基础研究的研发导向，使高技术产业投入不足，高新技术产业难以成为经济支柱。（4）2011 年东日本大地震、海啸及核泄漏灾难发生后，企业外迁压力增加，产业空心化趋势加剧。政府与民间对核能政策方向存在争议，能源产业发展方向存疑。

二、日本产业结构调整方向与政策要点

国际金融危机的爆发给日本经济造成了严重的冲击，而东日本大地震更是使原本疲弱的日本经济雪上加霜，进行产业结构调整、寻找新的经济增长动力已经势在必行。对已经完成工业化的日本而言，产业结构调整的重点并非三次产业间比例，而是产业发展模式的变革。

（一）强调绿色经济重要性，大力发展服务业与高科技产业，改变经济依靠单一支柱产业化的面貌

近期，日本一直加强实体经济的发展，日本政府有关部门初步拟定了旨在占领世界领先地位、适应 21 世纪世界技术创新要求的四大战略性产业领域：一是环保能源领域，包括燃料电池汽车、复合型汽车（电力、内燃两用）等新一代汽车产业，太阳能发电等新能源产业，资源再利用与废弃物处理、环保机械等环保产业；二是信息家电、宽带网、IT 领域，包括与因特网相关联的数字家电（如新一代液晶显示电视等）、各种高性能的服务终端与

半导体、新一代软件等电子信息产业；三是医疗、健康、生物技术领域，包括再生医疗（人体部分器官组织的再生）、新型药物等先进医疗产业，健康、美容的食品产业，生命基因信息解析等 IT 生物产业；四是纳米技术、纳米材料产业，主要为上述其他重点产业领域提供广泛的实际应用。

2010 年 6 月，经济产业省在这一基本方针的指导下发表的《产业结构 2010 年远景》，明确指出了日本今后的产业结构调整方向，"今后产业结构调整的五大领域为：官民一体共同推动社会基础设施的出口，新一代环境能源产业，文化产业（流行、内容等），医疗、护理、健康、育儿等社会服务产业，尖端领域（机器人、太空等）相关产业"。并强调"通过强化这五大战略产业领域，打破单独依赖汽车等特定出口产业的单支柱结构，实现多支柱战略，改变凭借商品的高品质获得附加价值的方式，实现利用销售系统和文化附加值商品而获利的方式，突破环境、能源及少子老龄化对经济增长的制约，变不利为有利，通过对制约性问题的解决培育优势产业，最终实现产业结构的转换"。以上对策的财政金融总规模逾 180 万亿日元。

2009 年 3 月 2 日，出台了为期三年的信息技术（IT）紧急计划，目标为官民共同增加投资 3 万亿日元，新增 40 万—50 万个工作岗位，侧重于促进 IT 技术在医疗、行政等领域的应用。2009 年 4 月 9 日，为配合第四次经济刺激计划推出了新增长策略，发展方向为环保型汽车、电力汽车、低碳排放、医疗与护理、文化旅游业、太阳能发电等。

（二）电子产业筹划绿色低碳布局，在关键领域掌握未来竞争的主动权

从电子产业的全球分工看，美国掌握基础专利，处于产业链的最高端；日韩掌握部分外延性技术与专利；中国台湾地区拥有比较完整的产业链；中国则主要参与组装与加工制造环节。近年来，日本电子产业表现出"去制造化"趋势，即通过将产业链模块化，将制造环节外包出去，凭借对关键零部件的控制，获取高附加值并控制整个产业链。

以索尼的"走向零负荷之路"（Road to Zero）环境计划为代表，日本电子产业越来越趋向于通过加大开发绿色环保技术力度，在低碳领域积极进行战略布局，以确保在未来产业中的竞争力。根据"走向零负荷之路"计划，到 2015 年，索尼必须把环境和能源领域的研发作为战略重点；在产品设计上降低耗电量和单位产品重量；在采购环节建立温室气体排放评估体制；在生产制造环节降低温室气体排放量、水资源使用量以及废弃物排放量；在物流环节削减二氧化碳排放；建立回收循环利用体系。这类对未来能源领域的深度布局将有利于日本电子产业掌握与绿色环保有关的核心技术和专利，从而为将来新一轮电子产业的竞争奠定良好基础。

日本在此轮全球金融危机中受冲击较大，且面临人口老龄化、产业空心化等长期经济社会难题，日本历届政府的产业政策都指向了尽快摆脱对传统优势产业的依赖，改变原有产业增长模式，确立多元化主导产业这个方向，其政策的有效性仍然有待观察。

第四节　韩国产业结构现状与扶持政策分析

一、韩国产业结构现状

全球金融危机虽然对韩国造成了一定的影响，但受冲击程度比其他发达国家轻，恢复得较快。2009年韩国经济达到0.2%的正增长率。2010年，经济增长率更是达到6.1%，在OECD国家中仅次于土耳其，在亚洲国家中仅次于中国和印度。2011年韩国经济增长逐渐放缓，一季度实际GDP同比增长4.2%，二季度和三季度增长率均为3.4%，全年经济增长将在4%以下，因受欧美信用问题的冲击，预计2012年上半年的经济增长仍将在4%以内。

世界银行2011年《世界发展指标》发布的数据显示，2009年韩国，GDP为8325.12亿美元，从产业结构上看农业占比为3%，工业占比为37%（其中制造业占比28%），服务业占比为61%，产业排序呈三、二、一结构。从制造业内部结构来看，2009年韩国制造业增加值为2081.42亿美元，其中机械和运输工具业贡献最大，占46%；其他制成品业其次，占35%；化学品业占8%，排第三位；食品、饮料和烟草业占6%；纺织和服装业占5%。

韩国经济之所以能够在应对危机中表现得相对出色，除了政府采取了行之有效的短期救市政策外，一些经济中的结构因素发挥了重要作用。

（一）注重研发投入，以企业为主导，侧重应用研究

2007年韩国研发经费占全世界研发经费总额的3.6%，在20国集团（G20）国家中排在日本之后，位列第二。2008年韩国在研发领域的投资占GDP的3.74%，在OECD国家中排第三位。2012年，韩国预计要将研发经费预算提高到占GDP的5%。一个值得注意的趋势是，韩国研发投入经历了由政府主导向企业主导的转变。从20世纪70年代的政府占77%，企业占23%，调整到现在的政府占25%，企业占75%。2011年，韩国研发投入总额将达50万亿韩元，其中政府投资比重占28.3%。由于企业特别是大企业居于研发的主导地位，因此相对于基础研究，企业更侧重于应用研究。

（二）外贸依存度高，出口贸易对中国依赖度高，制造业居支柱地位

2006年韩国经济增长5%，其中出口增长贡献了3.2个百分点。2008年韩国经济外贸依存度达83%。2010年实现顺差410亿美元。韩国出口贸易对中国具有很大的依赖度，据韩媒报道，中国4万亿救市计划使韩国得以出口大量钢材、石化产品。而"家电下乡"计划促使韩国LCD面板对华出口同比增长40%。2010年韩国出口排名前五位的依次是半导体、化工用品、船舶、钢铁和石油产品。对外工程承包也成为韩国支柱产业之一。

二、韩国产业结构转型战略与产业动向

从 20 世纪 60—80 年代的 20 年间，韩国积极把握国际产业转移的机遇，先后承接了劳动密集型的纺织工业，资本密集型的重化工业，以及资本技术密集型的电子、化工和运输机械等产业，顺利完成了工业化进程，确立了今天它在汽车、半导体、造船业国际市场上的优势地位。20 世纪 90 年代后期，韩国开始了向服务业转型的进程，金融、保险、不动产、运输仓储与通讯等服务业逐渐发展起来。

（一）为服务业提供融资支持、税收优惠

对属于服务业的中小企业提供低息贷款，信贷额度为 GDP 的 0.5%—1.5%。产业银行和企业银行对知识密集型服务业提供每年 10 亿美元的资金。提高对服务业的信用担保基金额度。对属于服务业的中小企业者实施税收减免。

（二）支持研发活动，鼓励新兴产业发展

2008 年制定了"科学技术基本计划 577 战略"，计划到 2012 年将国家研发预算提高到 GDP 的 5%。将韩国发展成为世界第七大科学技术强国。

2002—2009 年，韩国政府的研发预算年均增加 10.5%，大大高于同期政府预算总额的年均增长率。2009 年提出《云计算全面振兴计划》，促进云计算服务的发展。2009 年出台了《物联网基础设施构建基本规划》，把物联网作为新的经济增长动力。2010 年推动射频识别（RFID）技术发展，以扶持物联网技术。2011 年，韩国研发投入总额将超过 50 万亿韩元。

（三）产业多元化，注重新兴产业的发展

以造船业为例，为了规避造船行业周期性冲击，"现代重工"从最初的造船企业转变为拥有造船、海洋、工程项目设备，建设机械装备，电机电子，柴油机，绿色能源等七大业务部门的综合重工企业。2010 年"现代重工"总销售额 22.4 万亿韩元中，非船业务占比重 64.7%，造船部门业务下降到 35.3%，未来计划将非船业务比重提高到 70%—80%，相应造船业务下降到 20%—30%。STX 集团从单一造船企业发展成为包括造船、海运、机械通信、国际贸易、工程建设、矿产能源开发等制造加服务的综合企业，计划到 2020 年造船业务将只占业务总量的 10%。大宇集团提出要降低对造船业务的依赖度，将自身发展成为世界水平的综合性重工集团，重点发展风电设备、太阳能设备、陆地工程项目设备、油气资源开发设备、二氧化碳回收处理设备等，预计到 2020 年非船业务将占 70% 左右。

（四）大力支持文化产业

亚洲金融危机后，前总统金大中提出了"文化立国"战略，韩国文化产业获得了蓬勃发展。本轮金融危机对韩国文化产业也造成了冲击，导致投资减少。但韩国政府依然把文化产业作为扶持的重要对象，2009 年韩国政府确定文化产业为绿色增长产业，为经济增

长的重要动力。2010年文化产业振兴院计划完成200个项目,政府预算2000亿韩币(蒋林,2010)。2011年,韩国文化部预算为三兆三千七百多亿韩元,比2010年增加6.2%。值得注意的是,随着网络游戏产业的发展,沉迷游戏也日益成为社会问题,韩国文化部将防止沉迷游戏的预算从2010年5亿韩元增加到23亿韩元。

韩国受此轮全球金融危机的冲击较小,恢复较快,但韩国政府引以为鉴,积极寻求新的产业发展之路,取得了一定的成效。

生产力快速、可持续增长是经济发展的必要条件,目前的全球生产方式存在不可持续性障碍,导致经济运行在贸易和金融领域均出现失衡,导致危机,故有必要通过经济结构调整,进一步解放生产力,使世界经济沿着可持续发展的轨道前进,从而消除失业和贫困,切实提高人民的生活水平。

全球经济不平衡以及2008年金融危机的爆发使人们认识到调整现有生产方式的迫切性,如何使经济发展走上内生性增长的道路已经日益成为学者、企业家和政治家共同关心的问题。在此背景下,世界各国政府与企业根据本国情况开始对原有产业结构进行一系列调整,力图通过产业结构调整实现自身发展模式的根本转型,为经济的可持续增长找到新的突破口,从而尽快走出金融危机的阴影。

从美国、欧盟、日本、韩国等发达国家已经出台的产业扶持政策看,各国政府无不重视制造业在稳定经济中的重要作用,纷纷采取各种措施重新平衡实体经济与虚拟经济在宏观经济中的比重。而各类扶持措施又不约而同地对知识密集要素的培育给予了高度重视,寄希望于通过增加知识要素供给,鼓励创新,引领新一轮产业革命的潮流,在未来的竞争中掌握主动。

第十章 中国制造业服务化实践

中国作为制造业大国，经济结构的转型和调整必然要求我们积极研究探索制造业今后的发展方向。通过前面各个章节的论述，可以看到，制造业从传统制造模式向制造业服务化模式的转变将能够促进产业结构的优化升级，缓解就业压力，开拓国际贸易市场，并能够促使企业向资源节约、环境友好型的方向发展。因此可以说，最近在欧美国家初露端倪的制造业服务化的产业发展模式，值得中国的生产经营者和政策制定者给予充分的重视并探索其在中国实施的可行性。

既然制造业服务化模式有诸多好处，中国的企业和政府部门应该如何借鉴这种经营模式以促进国家经济结构的变革，产业结构的优化升级呢？本章将分别从企业经营角度和产业政策角度回答这个问题。

第一节 中国制造业发展现状

当前和今后一个时期，中国经济发展的一个关键问题就是经济结构的调整问题，"转型"或"调整"已经成为中国经济工作的关键词。"十三五"规划进一步提出了"工业化和信息化融合发展水平进一步提高，产业迈向中高端水平，先进制造业加快发展，新产业新业态不断成长"的新要求。为了制定有效的制造业转型政策，首先要了解中国制造业目前的发展情况。

一、总体上仍处于工业化阶段

从各国 / 地区制造业的整体发展水平来看，产业竞争力指数（CIPIndex）是对一国 / 地区制造业进行国际比较的常用指标之一。联合国工业发展组织《工业发展报告 2009》公布了各国和地区的 2005 年数据，从排名情况看，中国排在第 26 位，比 2000 年时的第 31 位前进了 5 位。在总数 122 个国家和地区中，前 20 名依次是新加坡、爱尔兰、日本、瑞士、瑞典、德国、芬兰、比利时、韩国、中国台湾、美国、奥地利、中国香港、斯洛文尼亚、英国、马来西亚、法国、荷兰、卢森堡、加拿大。东亚地区排在中国前面的，除了新加坡、韩国、马来西亚和中国台湾、中国香港等国家和地区外，还有第 25 位的泰国。各国 / 地区产业竞争力指数排名情况大致反映出这样的规律，总的来说，发达国家排名靠前，经济转型国家和东亚地区各国 / 地区排名中上游，低收入国家排名中下游，最不发达国家排在最后。从总体排名情况看，中国大陆的制造业不仅落后于欧美的发达国家，也落后于许多周边邻国或地区。

从中国制造业的发展阶段而言，仍然处于工业化阶段，还需要经过较长时间的发展与完善。

发达国家或地区如中国香港特别行政区、英国和美国随着人均 GDP 的增加和经济的增长，其制造业所占 GDP 的份额在逐渐下降。德国和日本的变动幅度不大，说明制造业在其经济增长中仍占相对重要的地位。处于左上方以黑色方块表示的是中国制造业的情形。从图 9-1 可以看到，中国制造不仅在国民经济中占据着相当大的份额，而且仍然随着人均 GDP 的增加而增加，这从一个侧面说明中国经济仍然处于工业化阶段。

另外，根据 UNIDO（2009）的统计可以知道，中国制造业不仅处于工业化阶段，而且其发展速度还非常快。中国制造业增加值占发展中国家中的份额从 1995 年的 23% 增加到 24.7%，到 2005 年又进一步增加到 34%。

二、部分行业开始转型

在总产值不断增长的同时，中国制造业中的部分行业也开始经历转型。生产密集度衡量的是一国某制造行业在全球该制造行业价值增值额中所占的份额，因此份额越高说明对该行业贡献越大。

20 世纪 80 年代初，中国的 311 食品、322 服装和 383 电气设备的生产，低于世界平均水平。而 371 钢铁制造和 321 纺织业的生产高于世界平均水平。

311 食品、321 纺织和 322 服装产业具有低产品复杂度的特征，根据前文的定义可以知道，这意味着这些行业所用到的技术和服务要素总体来说是较少的。从图中的发展趋势看，321 纺织业呈下降趋势，但仍然维持在世界平均水平之上；311 食品则呈缓慢增长的态势；322 服装产业则呈急剧上升态势，大约在 20 世纪 90 年代初已经超过了世界平均水平。在 371 钢铁制造和 383 电气设备两个行业生产密集度的增长速度更快，这意味着中国的这两个产业正在经历产品复杂度从低到高的升级过程。

三、制造业服务化程度仍然较低

根据投入产出表计算出来的服务中间投入占所有要素投入的比重成为服务投入率，这是衡量服务化程度的指标。从第二产业使用服务中间投入要素的情况看，中国仍然处于较低水平。在发展中国家中，中国第二产业对服务的投入仍然是较低的。

四、《中国制造 2025》与制造业服务化

新一代信息技术与制造业技术融合将逐渐改变传统的制造业发展模式。发达国家高端制造回流与中低收入国家争夺中低端制造业转移同时发生，这种全球产业格局的重大调整将对中国制造业形成"双向挤压"态势，产业发展面临严峻的外部形势。从国内看，在经济新常态背景下中国制造业如何促进人口红利向资本红利转变，如何把握新一轮产业革命与全球产业格局调整的历史机遇，促进中国制造业由大变强，积极稳妥地应对内外部挑战，是当前亟待解决的问题。

在此背景下，国务院于 2015 年 5 月 8 日公布了《中国制造 2025》战略规划。该规划提出创新驱动、质量为先、绿色发展、结构优化和人才为本等五大基本方针。其中，结构优化方针与制造业服务化直接相关，该方针提出要"大力发展先进制造业，改造提升传统产业，推动生产型制造向服务型制造转变"。《中国制造 2025》还将服务型制造作为重点完成的战略任务，提出引导和支持企业"从主要提供产品制造向提供产品和服务转变。鼓励制造业企业增加服务环节投入，发展个性化定制服务、全生命周期管理、网络精准营销和在线支持服务等。支持有条件的企业由提供设备向提供系统集成总承包服务转变，由提供产品向提供整体解决方案转变。鼓励优势制造业企业通过业务流程再造，面向行业提供社会化、专业化服务。支持符合条件的制造业企业建立企业财务公司、金融租赁公司等金融机构，推广大型制造设备、生产线等融资租赁服务"。这说明中国已经把实施服务化提升到了国家战略的高度，并将其作为制造业转型升级的重要手段。

然而要实现上述目标可谓任重道远。根据中国工程院《制造强国战略研究报告》，2012 年世界各国的制造业可划分为三个国家方阵：美国制造业处于第一方阵；德国、日本制造业处于第二方阵；中国、英国、法国、韩国制造业处于第三方阵。目前美国、德国等发达国家的服务型制造模式尚处于摸索阶段，各具特色，但尚未成熟。而中国的服务型制造业尚处于规划阶段，未广泛实施，要想真正落实，并没有成熟经验可以借鉴，必须走出一条具有中国特色的创新之路。

第二节　制造业实施服务化战略的路径选择

一、应善于发挥自身优势

因为中国制造业在总体上仍然处于全球产业链的低端环节，企业的技术和资金积累与欧美大型跨国公司还有相当大的差距。因此，不能盲目地把有限的精力和资源投入到自己还不了解的方面。从电力设备制造业的案例分析我们可以发现，制造企业的转型的突破口

都源于制造企业对自己产品的深入了解与相关专业知识的掌握。

从笔者在服装企业工作时接触到的许多企业负责人的观点看，企业已经意识到只为跨国公司做加工工厂是没有发展前途的，想创立品牌却没有资金支持，想搞研发却缺乏人才，于是很多中小企业对如何转型感到很迷茫。有实力的大企业尝试向世界顶级服装企业学习，积极实施品牌战略，高薪聘请设计师。但是笔者认为，如果没有自己的核心竞争力，只是简单模仿早已掌握产业链控制权的欧美企业的做法，是无法获得可持续性发展的。国内众多服装品牌"各领风骚三五年"随后就销声匿迹的事实就是证明。作为跨国公司"外包"战略的接包方的中国企业，应该探索不同的服务化策略。

对于中小企业来说，他们最大的优势其实是成本优势，应该从改善经营管理，通过管理进一步节约成本，提高生产效率，从而获得更多的订单，以便为转型升级积累资金。举例来说，随着跨国公司全球产业布局战略的实施，各个生产点之间的物资、信息流动变得越来越频繁，由此所产生的仓储成本和运输成本也变得越来越大。笔者曾经供职的美国某纤维有限公司就是通过降低物流成本获得飞速发展的。该公司与其他纺织企业不同，非常有远见地在美国洛杉矶的港口租了一个仓库作为中转站。来自中国工厂的货物，并不直接送交美国进口商，而是先存入在这个仓库。由于美国有许多超市为了降低库存成本，不愿储存大量商品。进口商可以根据市场销售情况分批提货。这种做法帮客户节省了成本，而且又能在需求增加时及时为超市供货，因此大受欢迎。短短几年已经从白手起家做到了年营业额 1.3 亿美元。

二、转变企业经营理念与经营模式

从产出角度讲，服务化强调向客户提供效用而不是产品，效用的体现方式可以是产品加服务，也可以是服务。因此，对外，制造企业要从根本上改变观念，研究如何利用自己的专业知识满足下游厂商或消费者的实际需求，改变单纯依靠增加有形产品销售量来赚取收益的营利模式。

对内，要进行企业薪酬体制改革，体现服务的价值。例如传统意义上的销售人员的收入是按照产品销售额来计算的，但是服务化却意味着帮助客户减少有形产品的销售，这将直接减少销售人员的收入。企业应该认识到，产品销售数量的减少，服务的增加，可以为企业赢得更多的客户，而且与客户之间的业务联系也更加持久。因此应该把企业总收益的增加作为计算销售业绩的基础，这样才能够使销售人员有动力设法为客户提供各种服务。

另外，还要通过宣传、培训等手段，增强员工的服务意识。除了最大限度地发挥企业现有优势和专业知识外，还要设法深入了解下游企业在生产经营方面的知识。上文就提及化学品生产商通过向客户派遣驻现场专家来提供全面服务，这就要求员工不仅是本行业的专家，还要深入了解客户的生产工艺流程、关键技术等，只有这样才能提出有针对性的服务方案，真正帮助客户降低成本，提高效率。

三、探索产融结合路径

有条件的大型制造企业应积极探索产融结合路径，把产融结合作为制造业服务化战略的重要组成部分。综观美国洛克菲勒、通用电气、日本三菱重工、住友金属等工业财团的发展，可以看到公司内部金融服务对制造业的成长有着外部金融体系不可替代的重要作用。因为单纯依靠行事风格比较保守的银行来提供贷款，将会使制造企业丧失很多宝贵的投资机会。

对于复杂的制造项目的收益评估，往往需要丰富的专业知识。只有制造企业自己最了解本领域的前沿在哪里，对投资收益的风险评估才最为准确。因此在高收益和高风险的新项目的投资决策上，有实力的制造企业比银行更有经验，由企业负责金融财务的运营，会比金融机构做得更好。

服务化的发展还会使大型企业各个子公司之间的财务往来变得越来越频繁，带来企业核算体系的变革和金融网络的复杂化，依靠大型企业集团现有的财务部门，很难进行相应的协调工作，因此需要独立的财务子公司专门处理集团内部的金融事务。

四、善于利用服务化策略降低环保成本

中国发展资源节约型、环境友好型的经济，意味着环保成本在企业经营总成本的升高，环保制度将变得越来越严格。为了应对这一挑战，作为工业污染物排放大户的制造企业应该及早做好准备。而服务化不失为一个成本小、效果好的选择。

对照中国制造业面临的环境问题，就会发现，我国的问题比西方国家更加复杂，除了要减少资源消耗之外，中国还面临严峻的环境污染问题。国家环保总局领导曾指出，中国当前处在工业化和大众消费的快速发展时期，整个社会对物质资料和消费品的需求将呈高速增长。发达国家在上百年中分阶段出现的环境问题，如水体污染、酸雨等工业污染，"中国集中在20多年内就已出现"，"按照传统的发展模式和现有污染控制水平，中国的污染负荷要比现在增加5到6倍"，"中国环境保护工作正面临着更加严峻的挑战"。

从制造业服务化的角度看，一方面通过对传统制造和制造业服务化两种模式的比较可见，后者可以在更少消耗资源的同时，实现收益的增加和消费者效用的增加。因此可以减轻制造业对环境的压力。另一方面，从上面两个案例可以看出，在工业领域，由于产品生产者对自己的产品最了解，是这方面的专家，因此，如果由产品生产者参与下游制造企业生产过程的管理，或提供咨询，确实获得很高的经济和环境效益。中小企业由于缺乏经验和专业知识的积累，又缺乏雄厚的资金实力，不能开展周期长、风险高的研发活动，往往只能以最原始、效率最低下的生产方式参与分工，并难以实现升级。在中国，许多拥有技术和资金的大型国有企业或许可以通过服务化的手段，为中小企业提供管理服务。这样大企业开拓了新市场，中小企业获得了转型升级的机会。这对整个国家的产业发展将是非常

有利的，也可以为"抓大放小"和国企改革提供新的思路。

笔者曾到江南某乡镇的一家纺织工厂做过调研，发现其在布料生产的工艺流程中，印染和后整理工序需要使用大量的化学试剂，所以它也是用水大户和工业排放大户。2007年因太湖周边地区发生了蓝藻污染，该镇的污水处理工厂对各个工厂都制定了每月最高废水排放额度，超过额度就拒绝处理。这种额度根本无法满足工厂正常的生产经营，而工厂又无力购买昂贵的废水处理设备，最后工厂只能开工半个月，停产半个月，导致大量外贸订单延误交货期，给工厂经营造成严重打击。

如果化学染料生产商能够帮助纺织企业减少染料的使用，减少污水排放，无疑将获得广阔的市场，而且与昂贵的废水处理设备相比，化学染料及其相关服务的价格要低得多，这将受到广大中小纺织企业的欢迎。

第三节　促进服务化战略实施的对策建议

一、产业转型升级策略和应避免的误区

在产业转型升级策略上，一方面要继续利用比较优势，保证人均资本存量不断增加；另一方面要探索中国自己的升级路径，培育完善国内市场体系。

在利用现有优势的问题上，要注意不能片面追求数量上的增加，要看到资本有效积累的重要性。发展中国家和发达国家在经济发展中的根本差距在人均资产存量上（郑玉歆，2007），中国目前在这个指标上与发达国家的差距还很大，因此还必须经历较长时期的资本积累。发展中国家资本积累的主要方式之一是增加投资，但是企业往往因为缺乏相关产业发展信息，而产生投资"潮涌"现象，在短时间内形成产能过程，资本积累效果差。

因此政府部门应该发挥对宏观经济的调控职能，建立企业总数、产能总量、市场需求总量、产业发展趋势等相关信息的数据库，并作为政府的一项职能向社会有偿或无偿提供服务。制造业通过服务化策略，增加服务要素投入，增加产出的服务部分，为产业发展提供更广阔的空间，使产业发展更满足市场需求，从而使投资项目变得更具有可持续性，可促进"潮涌"问题的解决。

在升级路径的问题上，应该看到本国或周边发展中国家市场日益增长的需要，以及本国制造业在了解市场需求、提供相关服务上的便利性和区位优势。因此在制定产业升级战略时，应该使本国制造业首先成长为地区性竞争中心，通过服务化战略，使中国制造业之间以及中国制造业与周边发展中国家之间建立长久的、稳定的管理服务关系，实现从输出加工制造品到输出管理服务，走出中国自己的产业升级之路。

二、多种措施相互配合，形成政策合力

（一）人才培养策略

在人才培养策略上高等教育和职业教育要同时并举。随着知识经济的发展，制造业产出中服务要素的投入比重在逐渐增加，知识密集型生产对人才的素质要求越来越高。因此一方面要发挥现有职业教育的作用，加强对农村劳动力的技能教育，着力培养和输出掌握熟练劳动技能和丰富专业知识的高级技能型工人。

另一方面，要积极探索高校与企业的产学研活动的结合方式。根据演化经济学的创始人之一、哥伦比亚大学尼尔逊（Nelson）教授的看法，美国的技术进步主要依靠大学教育而不是专利制度。正是大学研究成果的广泛传播，使得技术的获取成本很低，从而促进了创新。因此应该积极探索如何把高校变成促进企业服务化的技术创新、管理创新中心，直接支持企业的服务化战略。

通过以上两种途径，实现教育为服务化输送人才，而人才又促进服务化的良性循环。

（二）国际贸易发展策略

在促进国际贸易发展策略上，要认识到服务要素等中间要素贸易日益增长的历史趋势。由于服务要素贸易有利于一国福利的增加，所以有必要研究促进服务要素贸易发展的经济政策。进一步促进服务贸易自由化，促进自然人流动。

随着国际分工的进一步深化，各国参与贸易的方式，不再局限于简单的商品贸易。反映在机电设备制造业领域，设备的成套化、集合化出口成为新的趋势。其中最有代表性的就是通过国际工程承包方式，帮助目标国完成大型的建设项目，通过这种方式实现设备和服务出口。可以说国际工程承包成为装备制造业服务化的一个重要实现平台。

为了鼓励装备制造企业通过开展国际工程承包实现"走出去"，中国政府要通过新闻媒体、外交、行业协会等途径设法帮助企业缓解目标国家居民的排斥情绪，使企业更好地融入当地社会，帮助企业树立对目标国负责任的国际形象。

通过提供政策性信贷支持和保险服务，帮助工程承包企业防范项目进行中遇到的各种政治风险，降低因工程终止、工期拖延、工程费用增加、对方拖延支付等带来的风险。开展国家间经济条约和法律事务方面的合作，为"走出去"的企业提供目标国市场的有关土地管理法、税法、会计法、外商投资法、招投标法、劳动法、环保法等各类法律咨询服务。

（三）金融策略

在金融策略方面，要积极探索企业融资的新路径。在中国目前以间接融资为主的融资体制下，社会资金高度集中于银行，企业发展只得依靠银行。在计划经济时代，企业的资金来自政府拨款，但是自1983年中国实施了"拨改贷"的融资体制改革，企业的负债压力变得非常大，成为中国宏观调控的一大问题。以资产负债率指标而言，工业企业应

维持在 60% 左右，而中国工业企业的平均资产负债率多数年份都在 60% 以上，甚至达到 80%，企业财务负担极其沉重。

发达国家如德国、日本是通过允许银行直接持有企业股票来解决这个问题的。中国的制造企业本来就缺乏资本金积累，低端的国际分工地位又决定了大多数企业只能赚取微薄的利润，因而资本金比较缺乏。但是要实施服务化，必然要求企业积累大量的专业知识，并促进隐性知识向显性知识的转化，这些都需要资金投入。我们还需要加快建立和完善多层次资本市场，帮助企业获得发展所需的资金，降低企业融资杠杆。金融要更好地服务实体经济，促进企业的专业知识积累，加快隐性知识向显性知识的转化过程。

（四）环境策略

在环境策略方面，要加强对制造企业的监管，提高生产的环境成本。传统制造产业链条中对环境成本的考虑较少，企业关注的是如何通过增加有形产品来获得收益。只有提高环境成本在最终产品中的比例，形成倒逼机制，才能迫使企业积极通过服务化策略，减少对资源的消耗和对环境的污染。

例如，可以通过补贴奖励等优惠政策，引导制造企业进行产品再造、旧部件再利用等循环回收服务。还可以通过改变税收政策，鼓励大型机器设备的租赁服务，使制造企业减少对设备的购买，提高现有设备的使用效率。

三、实施制造业服务化的"三步走"战略

中国应积极把握制造业服务化的发展趋势，实现产业转型升级，具体可分三步走：第一步，发挥知识价值链对实体价值链的支持作用，促进传统制造业转型；第二步，发展低端制造业服务化，弥补产品质量缺陷，增加生产环节、研发环节和最终用户间的互动，并积累高端制造业服务化所需的隐性知识，促进制造业循序渐进地升级；第三步，促进高端制造业服务化，此时知识价值链将在价值创造过程中发挥主导作用，实体价值链是实现整体解决方案的手段之一。通过提供差异化服务，中国制造业可有效避免传统制造业的"生态位"高度重叠而被长期"低端锁定"的困境，更好地顺应中国消费结构不断升级的趋势，实现制造业整体生态环境的良性发展。

从中国制造业整体发展现状看，中国仍然处于工业化阶段，经济增长仍然主要依靠制造业的发展。但是，现有的粗放式生产方式正日益面临诸多压力，因而是不可持续的。虽然我们正在积极探索各种可能的转型路径，但总的来说制造业对服务要素的依赖仍然较低。

从中国制造业实施服务化的路径看，落实到企业层面，主要是要发挥自身现有优势，重视企业自身隐性知识的积累，从而培养企业竞争力。从企业经营方式上讲，要转变现有营利模式，设法提高各个业务环节直至最终产品中的服务活动的比重。还要看到环保对企业的影响日益重要，因此要通过增加服务投入来降低环境影响。

从国家政策层面，通过对制造业服务化现象的介绍，我们可以看到，融入全球价值链

中的一国制造业转型升级是一个非常复杂的过程。在制定相关升级战略的时候，切忌片面追求单一指标，如专利数量、资本投入量等；或者片面地把产业升级理解为制造业相对于服务业产值的下降。因为有些决定制造业竞争力的因素如隐性知识是无法反映在专利这类显性知识上的，也无法简单地通过增加投入来获得，而只能通过融入世界生产体系在实践中慢慢积累。如果忽略这一规律，而一味依靠增加投入获得增长，则可能导致各种问题，最典型的是产业投资"潮涌"现象与产能过剩交替出现。

第四节 制造业服务化的发展前景

一、概述

本研究通过综合运用价值链理论、国际分工理论、产业经济学理论、演化经济学理论和生态经济学理论，在前人研究成果的基础上系统分析了制造业服务化的产生原因，传统制造业到服务化制造业的演变过程，新的产业形态对经济发展、就业、国际贸易和环境造成的影响。经过系统的研究，得出以下结论。

（1）从制造业服务化的产生原因看，知识经济的发展是其内在根本原因。制造业服务化的发展在很大程度上依赖于知识的积累，而隐性知识的积累和转化尤为重要。

知识价值链和企业价值链的综合作用，是服务化产生的根本原因。知识密集的服务活动在价值链关键增值环节中起着决定性的作用。服务业务的推广带来的收益增加是制造业服务化的又一推动因素，从投入产出角度看，服务化带来的是范围经济。环境保护是制造业服务化的外部动因。

（2）从制造业服务化的发展演变过程来看。首先，制造业服务化产生于分工的深化过程。具体来说，是由于服务要素使生产过程的迂回度得到了增加，进而导致劳动生产率的提高，并表现为服务化制造业的收益得到了大幅度的提高。产业发展的路径表现为随着价值积累和知识积累的不断增加呈现出阶段式的升级。在这个过程中，知识密集的服务要素对制造业的价值创造具有乘数效应，能使企业价值成倍增加。

其次，这种分工的深化过程具有可持续性。以 OECD 国家为代表的世界主要发达国家的制造业，其服务业务的比重在不断提高，相应的收益也在不断增加，而且占制造业销售总额的比重也在增加。

（3）制造业服务化对产业的转型升级具有良好的促进作用。传统制造业通过增加知识积累，提高产品复杂度，使服务在投入和产出中的比重增加。这种转型不仅适合发达国家的制造业，而且对发展中国家的制造业转型也很有借鉴意义。因为发展中国家的经济仍然处于工业化的阶段，不可能突然放弃发展制造业，转而发展服务业，而应该在现有制造业发展的基础上增加服务要素的投入和产出。这种转型方式可以帮助发展中国家避免产业投资时的"潮涌"问题，并避免与处于全球价值链主导地位的大公司直接竞争。

（4）制造业服务化有助于解决失业问题。因在知识经济条件下，制造业的发展需要大量掌握丰富知识和熟练技能的劳动力。对于知识劳动者失业问题，由于制造业服务化会增加研发、设计、市场营销、物流、金融等服务活动，因此对知识劳动者的需求将会增加。

（5）制造业服务化可以促进中间品贸易的发展。随着经济全球化的发展，和产品内国际分工的深入，中间产品贸易日益成为国际贸易的重要组成部分。在知识经济时代，服务中间产品贸易能够增进一国的贸易利得，相反，最终产品贸易并不能保证一国从国际贸易中获利。

（6）制造业服务化还是资源节约型和环境友好型的产业发展模式。制造业服务化制造商通过技术支持、融资租赁等手段，帮助客户极大提高产品使用效率，从而节约自然资源的使用。另外，服务化还可以降低产出对环境的污染。这集中地反映在化学品制造行业中，化学品管理服务在整个化学品的生产和使用过程中起着至关重要的作用。

（7）须重视在中间品贸易日益占据国际贸易主导地位的条件下，制造业国际分工地位的衡量方法差异及其对中国开放政策的影响。基于知识和技术含量差异的出口复杂度计算方法，以及增加值贸易核算方法都对中间产品贸易中本国与外国的增加值问题提出了处理方法，在衡量中国制造业的国际分工地位、制定相关产业政策时应注意吸收这些先进的分析方法，在应用传统统计口径和统计方法衡量产业国际竞争力时应注意到其不足之处，从而使产业政策的制定更具有合理性。

（8）中国目前仍然处于工业化的阶段，服务业还有待发展。但是鉴于服务化具有诸多良好的经济和环境效应，中国在探索制造业转型升级道路时，应该重视知识的重要作用，在制定相关产业政策时要看重一个政策或投资方案是否有利于制造业的知识积累，而不是简单地以服务业或制造业的产值或数量作为衡量标准。

制造业的优化升级离不开对知识和技术要素的吸纳能力和消化能力，因此应重视此类知识要素的培育。中国的知识要素培育具有与发达国家不同的特点。制度是知识要素的重要组成部分。从要素所有权结构看，民营企业对出口增加值的贡献最大，外资企业次之，国有企业最小。我们一方面，应重视制度要素的培育和供给，要大力扶持民营企业的发展；另一方面，民营企业收益的增长意味着中国国民的贸易所得增长，要注重发挥民营企业在产业转型中的能动作用。

（9）政府要发挥在产业转型中的主导作用，从中立的市场裁判员向积极的关键要素组织者转型。我们应该合理借鉴欧美国家"再工业化"战略的经验。政府应该把现代生产所需公共技术、公共管理、融资方案、市场咨询团队、管理咨询团队等具有公共产品性质的服务要素和传统的资金、土地、劳动力和技术要素相结合，构筑综合性服务平台，为中小企业创新提供发展空间。当前的重点是转变产业园区功能，将其从物业管理园区转变为公共产品的集中提供平台。

重视产业政策和外资政策的协同作用。"再工业化"战略的推行，使得欧美产业布局和 FDI 流动的关联性加强，这或将重塑世界投资与贸易格局。而欧美当前的"再工业化"战略却并未考虑到不同行业与技术之间的联系，各类鼓励政策间缺乏协同性，这必然给贸易摩擦造成口实，并为他国创造反制机会。这提醒我们，在制定产业政策和外资政策的过程中，应防止顾此失彼，要注重各类激励政策的协调和部门间协调，应该在增加就业、产业升级、扩大利用外资三者间保持平衡，从而在与欧美的产业政策竞争中取得优势。

制定差异化的人才培养计划，提高就业水平。未来的要素结构中，劳动力重要性下降，知识资本的重要性逐渐增强。我们一方面应该通过职业技术学校等培训机构，增加对非熟练劳动者的专业技术能力的培养，使他们尽快成为熟练劳动力；另一方面应通过鼓励自主创新以及促进外向型部门技术向国内部门扩散来促进分工深化。分工深化将进一步拓展市场规模，吸纳就业。中国大学生就业难的问题并非像发达国家那样是经济增长相对停滞造成的，而是因创新不足导致的分工不充分，市场难以继续扩展，所有企业都集中在现有的已经相对成熟的发达国家市场所造成的。因此解决知识型劳动者失业问题的根本途径在于拓展国内市场规模。

二、研究展望

本研究初步构建了制造业服务化理论分析框架，但主要是从生产者的角度展开分析，属于局部均衡分析。还应看到消费者的需求差异对服务提供者具有重要影响，政府及国际贸易投资行为对服务化都具有影响，因此未来的研究将力图将视野扩展至一般均衡分析，将消费者、政府和外国纳入理论框架。

制造业服务化的风险防范问题。本研究主要对制造业服务化对经济的有利之处进行了分析，但任何事物的发展都不是一帆风顺的。随着制造企业的业务种类的不断增加，相关的协调成本和风险也会相应增加。因此，大到全球价值链各个环节的协调，国家产业政策的调整，小到制造业内部对这种生产模式的接受程度等都值得好好研究。

关于制造业服务化的定量分析问题，现有的国际标准产业分类，仍然将制造业和服务业严格区分开来，因此无法直接得到制造业服务化的宏观发展数据。因为对服务概念的界定存在差异，所以各国和国际组织的服务业与服务贸易统计分类仍然较为粗略，数据的可得性差，数据的更新较慢，这给实证分析带来较大困难。虽然本研究通过结合 Pavitt（1984）分类和投入产出表间接获得了服务投入的量化数据，但在有些章节中仍然不得不借助案例来做实证分析。从现有相关研究来看，定量研究主要是通过企业案例的搜集得来的，在产业和国民经济层面仍然缺乏相关统计。制造业服务化相关数据的搜集方法是下一步研究要仔细思考的问题。

关于分析方法问题，本研究使用的分析方法上虽然以价值链理论为中心，并综合借鉴多个学科的相关理论建立了一个分析制造业服务化的理论框架；但由于笔者对相关经济理论的理解与掌握还很浅薄，与构筑系统的理论分析框架的目标还有相当大的距离，今后需要对价值链理论与劳动分工理论的内在联系问题，范围经济对制造业服务化的影响、表现形式和内在机理问题，产业结构升级对人力资本的需求以及对就业的影响问题，以及这些问题与制造业的价值创造过程的关系等进行更深入地探索。

参考文献

[1] 沈玉良，李墨丝，李海英，等.全球数字贸易规则研究 [M].上海:复旦大学出版社，2018.

[2] 周广澜，苏为华.中国方案数字贸易命运共同体的探索之路 [M].杭州：浙江工商大学出版社，2021.

[3] 熊励，刘慧，刘华玲.数字与商务 2010 年全球数字贸易与移动商务研讨会论文集 [M].上海：上海社会科学院出版社，2011.

[4] 路丽，陈玉玲，郑杨.数字技术发展对国际贸易的影响 [M].长春:吉林大学出版社，2020.

[5] 杨瑛.数字贸易概论 [M].广州：华南理工大学出版社，2022.

[6] 沈玉良，彭羽，陈历幸，等.全球数字贸易促进指数报告 2020[M].上海：复旦大学出版社，2021.

[7] 周大鹏.服务化 制造业的创新之路 [M].上海：上海社会科学院出版社，2016.

[8] 王思语.制造业服务化对我国制造业产业升级的影响研究 [M].北京：对外经济贸易大学出版社，2020.

[9] 陈丽娴，杨望成，郝泽林.迈入服务利润区 制造业服务化模式与案例 [M].北京：中国财富出版社，2019.

[10] 肖挺."营改增"税制改革对制造业服务化创新的影响研究 [M].南昌：江西高校出版社，2019.

[11] 陈娜.产业融合视域下装备制造业服务化转型研究 [M].北京：中国纺织出版社，2019.

[12] 王晶，贾国柱，张人千，等.制造业服务化案例研究 [M].北京：机械工业出版社，2015.

[13] 舒杏.生产性服务贸易自由化对制造业发展的影响 1928—2018[M].上海：立信会计出版社，2018.

[14] 沈飞.卓越管理论丛 制造业投入服务化创新路径探究 [M].上海：上海交通大学出版社，2015.

[15] 安筱鹏.制造业服务化路线图 机理、模式与选择 [M].北京：商务印书馆，2012.